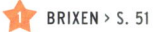

Perfekte Planung > Parallel vordere Klappe aufschlagen

TOP-12-HIGHLIGHTS

1 BRIXEN > S. 51
2 KLOSTER NEUSTIFT > S. 58
3 SEISER ALM > S. 69
4 ARCHEOPARC SCHNALS > S. 93
5 ST. PROKULUS, NATURNS > S. 94
6 MERAN > S. 100
7 ROSENGARTEN > S. 122
8 CORTINA D'AMPEZZO > S. 124
9 ALTSTADT VON BOZEN > S. 132
10 MESSNER MOUNTAIN MUSEUM > S. 139
11 BURG HOCHEPPAN > S. 140
12 KALTERN > S. 142

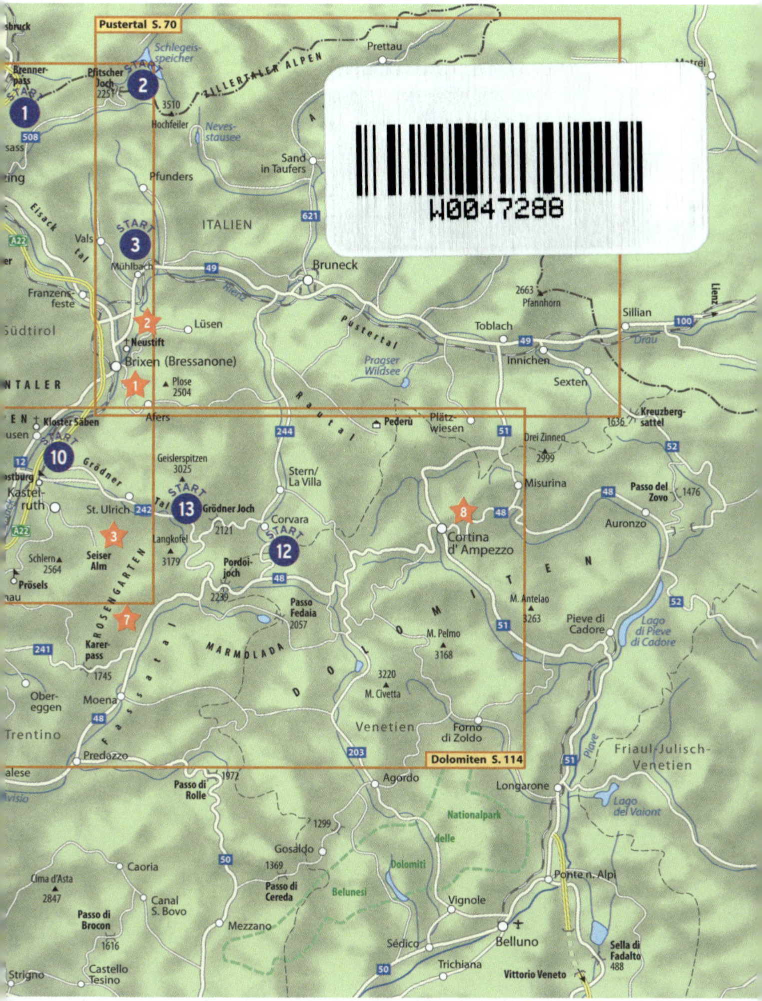

Im milden Meraner Klima gedeihen neben alpinen auch mediterrane Pflanzen um Schloss Trauttmansdorff

POLYGLOTT

SÜDTIROL

ON TOUR

DIE AUTOREN

MANUELA BLISSE
UWE LEHMANN

leben und arbeiten als Journalisten in Berlin.
Gemeinsam reisen sie um die Welt und landen auch immer
wieder in Südtirol. Mit ihrem Redaktionsbüro Surpress
für Medien widmen sie sich hauptsächlich den Themen Reise,
Essen und Trinken, Gastronomie und Lifestyle.

Unser E-Book-Code zur elektronischen Erweiterung des
POLYGLOTT on tour. Das kostenlose E-Book enthält die im
Reiseführer aufgeführten Adressen entlang der Touren,
beispielsweise zu Essen und Trinken, Shoppen, Aktivitäten
und Hotel-Tipps. Links auf einen externen Kartendienst
vereinfachen das Auffinden dieser Adressen.

WWW.POLYGLOTT.DE

SYMBOLE ALLGEMEIN

 Erstklassig: Besondere Tipps
der Autoren

 Seitenblick: Spannende
Anekdoten zum Reiseziel

 Top-Highlights und
Highlights der Destination

TOUR-SYMBOLE		**PREIS-SYMBOLE**	
1 Die POLYGLOTT-Touren		Hotel DZ	Restaurant
6 Stationen einer Tour	€	bis 80 EUR	bis 25 EUR
📖 A1 Die Koordinate verweist auf	€€	80 bis 150 EUR	25 bis 40 EUR
die Platzierung in der Faltkarte	€€€	über 150 EUR	über 40 EUR
📖 a1 Platzierung Rückseite Faltkarte			

ZEICHENERKLÄRUNG DER KARTEN

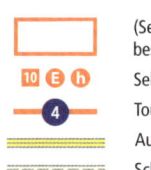

	(Seite=Kapitelanfang) beschriebenes Stadtviertel
10 **E** **h**	Sehenswürdigkeiten
4	Tourenvorschlag
	Autobahn
	Schnellstraße

	Hauptstraße
	sonstige Straßen
	Fußgängerzone
	Eisenbahn
	Staatsgrenze
	Landesgrenze
	Nationalparkgrenze

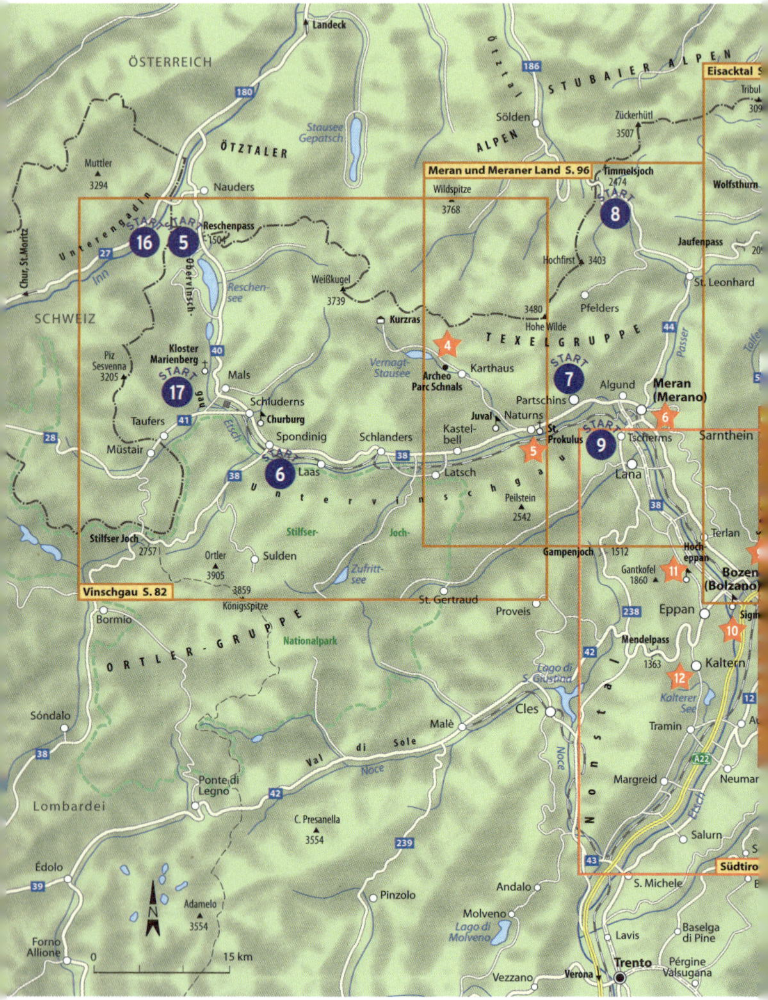

ÖSTERREICH

Landeck

ÖTZTALER

Muttler
3294

Nauders

ALPEN

Sölden

STUBAIER ALPEN

Zückerhütl
3507

Eisacktal S

Tribul
309

Wolfsthurn

Stausee
Gepatsch

Reschenpass
1504

16 **5**

Weißkugel
3739

Reschen-
see

Wildspitze
3768

Meran und Meraner Land S. 96

Timmelsjoch
2474

8

Jaufenpass
20

St. Leonhard

Kurzras

Hochfirst 3403

Pfelders

Piz
Sesvenna
3205

SCHWEIZ

Kloster
Marienberg

17

Mals

Schluderns

Churburg

Taufers
Müstair

Spondinig

Vernagt-
Stausee

Archeo
Parc Schnals

Karthaus

3480 Hohe Wilde

TEXELGRUPPE

Partschins

Juval

Naturns

7

Algund

Meran
(Merano)

Passer

Tscherms

Sarnthein

28

6

Laas

UNTERVINSCHGAU

Schlanders

Kastel-
bell

Latsch

Peilstein
2542

St.
Prokulus

5

9

Lana

Terlan

Schluderns

38

Stilfser Joch
2757

Ortler
3905

Sulden

3859

Stilfser-

Joch-

St. Gertraud

Proveis

Gampenjoch 1512

Hoch
eppan

Gantkofel
1860

11

Bozen
(Bolzano)

Signa

ORTLER-GRUPPE

Bormio

Nationalpark

Königspitze

Zufritt-
see

Vinschgau S. 82

Eppan

238

Mendelpass
1363

Kaltern

Sign

10

Sóndalo

38

Lombardei

Ponte di
Legno

Val di Sole

Noce

Malè

Cles

Lago di
S. Giustina

42

Kalterer
See

Tramin

12

Au

12

C. Presanella
3554

Margreid

Neumar

Édolo

239

Salurn

39

N

Adamelo
3554

Pinzolo

Andalo

Molveno
Lago di
Molveno

S. Michele

43

Südtiro

Forno
Allione

0   15 km

Vezzano

Lavis

Trento

Pérgine
Valsugana

Verona

Baselga
di Pine

TYPISCH

SÜDTIROL IST EINE REISE WERT!

Im Sommer wie im Winter, zum Törggelen wie zum Skilaufen: Südtirol hat immer Saison. Es verbindet den Norden Europas mit dem Mittelmeerraum und vereint das Beste beider Kulturkreise. Das spürt man, an jedem Tag und an jedem Ort: Es ist einfach schön, dort zu sein.

MANUELA BLISSE UND UWE LEHMANN
Die Autoren leben und arbeiten als Journalisten in Berlin. Gemeinsam reisen sie um die Welt und landen auch immer wieder in Südtirol. Mit ihrem Redaktionsbüro Surpress für Medien widmen sie sich hauptsächlich den Themen Reise, Essen und Trinken, Gastronomie und Lifestyle.

Wer von Norden über den Brenner oder den Reschenpass nach Südtirol kommt, spürt ihn schon, den Hauch des Südens. Er weht durchs Autofenster herein, lässt einen bei der ersten Rast tief durchatmen – und spätestens im blühenden Meran oder im lebendigen Bozen ist man endgültig im Süden angelangt. Üppig wachsende Palmen, blühende Obstwiesen und ausladende Weinberge schaffen eine fast schon mediterran anmutende Atmosphäre. Egal wie oft wir Südtirol besuchen, dieser erste Eindruck fasziniert jedes Mal aufs Neue.

Blick vom Pulverturm über Meran

Ins Meraner Umland mit seinen schmucken Orten zieht es uns besonders oft. In der Kurstadt kann man auf den Spuren von Kaiserin Sisi wandeln, der es das milde Klima und die üppige mediterrane Pflanzen- und Blütenpracht angetan hatten – zu erleben etwa in den Gärten und im Schloss Trauttmansdorff, wo sich auch das sehenswerte Tourismusmuseum befindet. Danach entspannen wir uns gerne in der Meraner Therme und bummeln durch die Altstadt mit ihren mittelalterlichen Lauben.

Weinreben überziehen viele der sonnigen Südtiroler Berghänge

Fast sogar noch mehr Freude macht uns der Altstadtbummel in Bozen, Hauptstadt und kulturelles wie gesellschaftliches Zentrum Südtirols. Rund um den Walther-Platz erschließt sich das historische Zentrum mit seinen zahlreichen Geschäften, Cafés und Restaurants selbst dem gemächlichen Spaziergänger. Auch das sehr sehenswerte »Museion – Museum für moderne Kunst« ist nur wenige Schritte entfernt. Doch neben dem alten Bozen existiert auch eine eher italienisch geprägte Neustadt, die nach dem Krieg entstanden ist. Im Unterschied zum übrigen Südtirol, wo etwa 75 Prozent der Bevölkerung Deutsch sprechen, ist in Bozen die Mehrheit der Einwohner italienischsprachig.

Für beide Volksgruppen aber gilt: In Bozen »spricht schon der Wein«, wie die Einheimischen sagen. Eine Fahrt über die Südtiroler Weinstraße, ein Besuch beim Winzer Alois Lageder und die Einkehr in einem der Toprestaurants, etwa im Zur Rose in St. Michael, sind auch für uns ein Muss. Quasi im Vorbeifahren auf dem Weg zum Wein nehmen wir gerne Schloss Sigmundskron mit, eine der ältesten Burgen Südtirols.

Das Schloss hat eine große politische Bedeutung für das Land, denn im Jahre 1957 demonstrierten hier über 30 000 Bürger für weitestgehende Autonomie ihrer Heimat. Das Schloss wurde jahrelang aufwendig restauriert und beherbergt seit 2006 das MMM Firmian, das Herzstück des Messner-Mountain-Museum-Projekts, das die Auseinandersetzung zwischen Mensch und Berg thematisiert.

Südtirol ist ein Land der reizvollen Gegensätze. Nur wenige Kilometer von der Blütenpracht entfernt, befindet man sich bereits in den kargen Bergregionen des ewigen Eises. Rund 3600 Meter Höhenunterschied sind es von den Weindörfern im Süden bis zu Südtirols höchstem Berg, dem 3905 Meter hohen Ortler. Nicht zu vergessen die Dolomiten, die seit 2009 zum

Wintersportler genießen die Einsamkeit der Bergwelt

UNESCO-Weltnaturerbe zählen. Wer einmal Langkofel und Rosengarten im Abendrot hat glühen sehen, der weiß, dass die einzigartigen Berge diesen Status zu Recht erhalten haben. Zudem liegt in den Dolomiten das Zentrum der ladinischen Kultur, die in Tälern wie dem Alta Badia oder dem Grödner Tal bis heute gepflegt wird und zur Bereicherung der Region beiträgt.

Anfang der 1970er-Jahre, als wir zum ersten Mal zum Skilaufen dort waren, gab es rund um den Piz la Villa das erste »Skikarussel«. Heute ist »Superski Dolomiti« eine Wintersportarena für Genießer mit insgesamt 1200 Pistenkilometern und 450 Liftanlagen in zwölf Skigebieten. Pistennahe Sternerestaurants und Gourmethütten gibt es ebenso wie zünftige Jausenstationen, die bodenständige Südtiroler Küche servieren. Genuss ist in Südtirol ein großes Thema, und das nicht nur beim Törggelen, bei dem der neue Wein verkostet wird.

Bleibt neben Landschaft, Natur, Genuss und Sport die Kultur. Das sind in erster Linie oftmals gut erhaltene Burgen, Schlösser und Klöster. Häufig dienen sie als Museen oder, wie die Bilderbuchburg Schloss Runkelstein bei Bozen, als Veranstaltungsorte für Konzerte und Ausstellungen. Fehlt noch der Ötzi. Auch den muss man im Südtiroler Archäologiemuseum in Bozen gesehen haben. Gefunden wurde die mumifizierte Gletscherleiche ganz weit oben und ganz weit hinten: im Schnalstal in der Nähe des Tisenjochs. Dem Mann aus dem Eis widmet sich in Schnals das Aktivmuseum ArcheoParc. Über dem Eingang zum Schnalstal thront im Übrigen das vorbildlich restaurierte Schloss Juval: Hier wohnt Reinhold Messner. Das ist uns immer wieder einen Besuch wert.

WAS STECKT DAHINTER?

Die kleinen Geheimnisse sind oftmals die spannendsten. Hier werden die Geschichten hinter den Kulissen erzählt.

MARENDE – KANN MAN DAS ESSEN?

Allerdings! Nach drei Mahlzeiten, Frühstück, Neindern, Mittagessen, ist für die Südtiroler noch lange nicht Schluss. Denn am Nachmittag geht es zur Marende. Was in Bayern Brotzeit und anderswo Jause heißt, ist in Südtirol die Marende: ein üppig mit Käse, Wurst, Speck, Kaminwurzen, Butter, Brot und sauren Gurken bestücktes Brett, dazu ein Glas Wein. So gehaltvoll ersetzt sie fast schon eine Hauptmahlzeit. Die Marende ist fester Bestandteil des sogenannten Törggelen, bei dem man in alter Winzertradition in geselliger Runde zusammen isst und den heimischen Wein trinkt.

GIBT ES IM VINSCHGAU WALE?

Natürlich nicht. Die Waale (!) haben mit den Meeressäugern nichts zu tun. Das Vinschgau ist ein trockenes Gebiet, die Landwirtschaft auf Bewässerung angewiesen. Um das Schmelzwasser der Gletscher zu den Feldern zu leiten, wurden seit dem 12. Jh. Bewässerungskanäle angelegt – eben die sogenannten Waale. 1939 zählte man im Vinschgau 225 wichtige Waale mit einer Gesamtlänge von 600 km. Zwar wurden die meisten Waale durch moderne Beregnungsanlagen abgelöst, doch viele sind noch erhalten bzw. wurden als wichtiges Kulturgut des Vinschgaus reaktiviert. Etliche wurden zu Wander- und Spazierwegen ausgebaut. Beliebt ist der 10 km lange Waal vom Schnalstal zu den Feldern von Kastelbell. Entlang der Waalwege laden Gasthäuser und Buschenschanken zum Verweilen ein.

WOHER KOMMT DAS LADINISCHE?

Als die Römer unter Augustus den Alpenraum eroberten, unterwarfen sie die dort lebenden Räter, die das Volkslatein übernahmen und es mit Elementen der eigenen Sprache anreicherten. Mit der Völkerwanderung zerfiel der rätoromanische Sprachraum in drei Teile, die sich getrennt entwickelten: Graubünden (Rumantsch), die ladinischen Dolomiten (Ladinisch) und Friaul (Friaulisch). Im Mittelalter verdrängte Deutsch zunehmend das Ladinische in Tirol, und auch als Südtirol 1919 an Italien fiel, brachte dies den Ladinern keine größeren Selbstbestimmungsrechte – für die Faschisten galt Ladinisch als italienischer Dialekt. Heute sprechen etwa 38 000 Menschen in den Dolomitentälern von Gröden (Gherdëina), Gadertal (Badiot), Fassatal (Fascian), Buchenstein (Fodom) und Ampezzo (Anpezan) Ladinisch. Über Kultur und Sprache informiert das Ladinische Institut Micurà de Rü in St. Martin in Thurn (www.micura.it).

50 DINGE, DIE SIE ...

Hier wird entdeckt, probiert, gestaunt, Urlaubserinnerungen werden gesammelt und Fettnäpfe clever umgangen. Diese Tipps machen Lust auf mehr und lassen Sie die ganz typischen Seiten erleben. Viel Spaß dabei!

... ERLEBEN SOLLTEN

1 **Kopfüber in die Tiefe** 192 m hoch ist die Europabrücke ◼ H1 in der Nähe vom Brenner. Ein Sturz kopfüber am Bungeeseil kostet Überwindung, ist aber ein einzigartiges Erlebnis (Mai–Okt. an den Wochenenden bei ProAlps, ab 179 €, Mobil-Tel. 34 59 12 81 38, www.proalps.net).

2 **Erlebniswandern zum Abendglühen** Auf dem König-Laurin-Weg wandert man ganz nah an die zerklüftete Felswand des Rosengartens › S. 122 heran. Gegen Abend sollte man sich auf den Weg machen, denn bei Sonnenuntergang leuchtet das einstige Reich des Zwergenkönigs Laurin feuerrot.

3 **Mit Akkordeon, Hackbrett oder Zither** Auf vielen Südtiroler Bauernhöfen wird die Tradition der Hausmusik noch intensiv gelebt. Zuhören ist ebenso erlaubt wie Mitsingen, gute Stimmung garantiert. Unterhaltungsabende mit Hausmusik bietet z. B. der Tschötscherhof › S. 69 in St. Oswald an.

4 **Schnitzkurse im Tal der Herrgottsschnitzer** Seit dem 16. Jh. werden im Grödner Tal, dem »Tal der Herrgottsschnitzer«, Kunstwerke aus Holz gefertigt › S. 119. Im Sommer haben Gäste die Möglichkeit, die Techniken und Feinheiten der Grödner Holzschnitzkunst in einem zweitägigen Kurs zu erlernen (Mitte Juni–Mitte Sept., 85 €, www.valgar dena-active.com).

5 **Historisches Klettern** Viele Klettersteige in den Dolomiten stammen noch aus dem Ersten Weltkrieg. Wer den Klettersteig aus dem Höhlensteintal zum Monte Piano, den Nordgipfel des Monte Piana › S. 125, bezwingt, erfährt im Freilichtmuseum auf dem Plateau viel über die besondere Rolle der Klettersteige während des Krieges.

6 **Kurventräume für Zweiradfans** 1869 Höhenmeter, 48 Kehren und freie Fahrt für alle: Beim Stelviobike-Radtag Ende August bleibt das Stilfser Joch › S. 89 ab 8 Uhr früh den Mountainbikern und Rennradlern vorbehalten. Anmeldung nicht erforderlich, variable Startzeit – kommen Sie einfach dazu (www.stel viopark.bz.it).

7 **Ab ins Tal** Am Bartlmastag (24. August) werden die Herden auf der Rittner Alm › S. 138 zusammengetrieben, was seit Jahrhunderten mit einem ausgelassenen Almfest

Fahrradtag auf der Stilfser Joch-Passstraße

gefeiert wird. Um Punkt zwölf Uhr beginnt mit »Goaßlschnölln«, Gewieher und Gebrüll der Einzug des Almviehs (Shuttlebus oder Bus 166 ab/ nach Klobenstein, www.ritten.com/de/ver anstaltungen).

8 Zu Gast beim Senner Bergluft, Kuhglocken und richtig guter Käse, so präsentieren sich die schönsten bewirtschafteten Milchalmen im Vinschgau. In Sennhütten wie der Lyfi Alm ▌ C6 bekommen Wanderer Joghurt oder Käse aus Eigenproduktion serviert (www.lyfialm.it).

9 Kraftplatzwandern Er ist ein magischer Ort, der 2515 m hohe Schlern › S. 68. Michl Trocker, Hotelier und Bergführer, führt auf seinen Wanderungen zu Kraft- und Kultplätzen am »Berg der Götter«, zu den mysteriösen Strahlenwällen im Laranzer Wald und zu verborgenen Hexentanzplätzen (www.wander hoteleuropa.com).

10 »Marmor und Marillen« Unter diesem Motto feiert Laas › S. 90 Anfang August seine beiden Exportschlager mit einem Genuss- und Kulturfestival. Die Marmorwerkstatt ist geöffnet – wer mag, kann sich bei einem mehrtägigen Workshop als Bildhauer versuchen (www. laas.info).

... PROBIEREN SOLLTEN

11 **Saftige Angelegenheit** In ausgepresster Form ergeben Südtirols aromatische Äpfel einen köstlichen naturtrüben Durstlöscher: z. B. den Bioapfelsaft EVA aus dem Hofladen der Burg Latsch, Latsch › S. 92.

12 **Die Kraft der Kräuter** Mit Leidenschaft widmet sich Siegfried Platzer der Welt der Kräuter. Die Pflanzen für seinen Kräutersirup werden auf über 1300 m nach biologischen Richtlinien angebaut sowie in den Bergen rund um Stilfs 📖 B5 wild gesammelt (Dorf 144, Unterkirch/ Stilfs, Mobil-Tel. 34 07 11 93 30, www.stilfs er-bergkraeuter.it).

13 **Lecker speckig** Magerer Rohschinken aus bestem Schweinefleisch, leicht geräuchert und in der reinen Alpenluft getrocknet – Südtiroler Speck (und mehr) vom Erzeuger bekommen Sie im Direktverkauf der Firma Moser in Naturns (Stein 17, www.moser.it) › S. 95.

14 **Ein bisschen stinkig** Zu einer zünftigen Brettljause gehört ein anständiger Käse. Südtirols würzigster Almkäse nennt sich Graukas, ist fettarm, geruchsintensiv und herrlich aromatisch. Ein Genuss nach einer Wanderung zum 1530 m hoch gelegenen Hof Kofler zwischen den Wänden 📖 L1/2 (Ahornach im Tauferer Ahrntal, Tel. 04 74 69 10 05, www.kofler-zd-waenden.com).

15 **Pasta südtirolerisch** Traditionell sind Schlutzkrapfen mit Spinat und Topfen gefüllt und werden mit Parmesan und brauner Butter serviert, doch gibt es die verschiedensten Variationen. Köstliche »Schlutzer« gibt's im Schnalshuberhof 📖 E4 in Algund bei Meran (Oberplars 2, 39022 Algund, Tel. 04 73 44 73 24).

Schinken gehört zur Südtiroler Brettljause »marende«

16 Ein echter Südtiroler Ob die Rebsorte Gewürztraminer wirklich aus Tramin stammt, ist nicht endgültig bewiesen. Tatsache ist aber, dass sie hier perfekte Bedingungen vorfindet. Sehr schöne Gewürztraminer produziert etwa das Weingut J. Hofstätter › S. 144.

17 Alles Wurscht Kaminwurzen, eine der bekanntesten Südtiroler Spezialitäten, werden aus magerem Schweine- und Kalbfleisch mit einer speziellen Gewürzmischung hergestellt. Besonders gut schmecken die kaltgeräucherten und luftgetrockneten Würste etwa beim Niedermair ◫ D4/5 hoch über Kastelbell (Trumsberg 4, Tel. 04 73 62 40 91).

18 Brot geschüttelt Schüttelbrot ist ein in Südtirol verbreitetes knuspriges Fladenbrot aus Roggenmehl mit Gewürzen. Auf dem Bauernhof Unich ◫ G7 in Aldein wird das Getreide in der eigenen Mühle gemahlen und mit viel Liebe gebacken (Lerch 21, Tel. 04 71 88 67 47).

19 Italiens erster Whisky Mit »Puni – The Italian Single Malt« ist Glurns › S. 88 um eine hochprozentige wie architektonische Attraktion reicher: Seit 2012 wird hier Whisky nach der traditionellen Methode gebrannt (ab 59 €, Am Mühlbach 2, Tel. 04 73 83 55 00, www.puni.com).

20 Feine Stangen Südtirols Süden rund um Terlan ◫ F6 ist Spargelland. Im Dreieck Siebeneich, Terlan und Vilpian servieren neun Spargelrestaurants das frisch gestochene

Frostberegnung schützt zarte Apfelblüten

Gemüse nicht nur mit Bozner Soße. Dazu ein Glas Terlaner Sauvignon (www.spargelwirte.it)!

... BESTAUNEN SOLLTEN

21 Dolomiten von oben Aus der Luft erschließt sich die einzigartige Schönheit der Südtiroler Bergwelt erst richtig. Helikopterrundflüge gibt es ab Pontives im Grödnertal schon ab 120 € pro Person (www.elikos.com).

22 Wo der Frühling duftet Schennas › S. 108 schönster Frühlingsbote besteht aus Abermillionen weißrosa Apfelblüten, die den Meraner Talkessel oft schon im März zum Duften und Leuchten bringen.

23 Dolomiten-Idyll Im Herz des UNESCO-Weltnaturerbes Dolomiten liegt der Pragser Wildsee › S. 81. Er ist der Inbegriff urtümlichen

Bergidylls und wird nicht umsonst auch »Perle der Alpenseen« genannt.

㉔ Wein ganz weit oben Den Titel als »höchstgelegener Weinberg Europas« hat der Vinschgau vom Schweizer Wallis übernommen: Aus vier Rebsorten am Steilhang unterhalb des 1340 m hoch gelegenen Klosters Marienberg › S. 86 werden fünf verschiedene Weine gekeltert (www.calvenschloessl.eu).

㉕ Das Latemarium Die spektakuläre Aussichtsplattform in Schneckenoptik, die oberhalb von Obereggen › S. 123 im Eggental über den Fels ragt, bietet gigantische Blicke auf die umliegende Gipfelwelt (www.latemarium.com).

㉖ Weltcup in Alta Badia Die Gran-Risa-Piste herunter vom Piz la Villa › S. 121 gehört zu den traditionsreichsten und schwersten Abfahrtsstrecken im alpinen Skiweltcup. Der Riesenslalom jedes Jahr kurz vor Weihnachten ist ein Klassiker und Topereignis für alle Skibegeisterten.

㉗ Drei Zinnen Eine beeindruckende Sicht auf das Wahrzeichen der Sextener Dolomiten gewährt der Toblacher Drei-Zinnen-Blick von Höhlenstein  N4 im gleichnamigen Tal. Dort befindet sich auch ein kostenloses Fernrohr.

㉘ Mit Schild und Schwert zurück ins Mittelalter Schluderns im Vinschgau › S. 88 ist Schauplatz der Südtiroler Ritterspiele Ende August. Besucher erleben farbenprächtige Reitturniere, Schaukämpfe und Umzüge, Konzerte vor historischer Kulisse, Gaukler, Artisten, einen Markt mit mittelalterlicher Küche und Handwerkskunst (www.ritterspiele.it).

㉙ Südtirol in Miniatur Vom Brenner bis zum Vinschgau: Die »Eisenbahnwelt« in Rabland E4 hat auf 300 m² Südtiroler Landschaften im Maßstab 1 : 87 nachund die größte digitale Modelleisenbahnanlage Italiens aufgebaut (Geroldplatz 3, Partschins/Rabland, www.eisenbahnwelt.eu).

㉚ Neue Weinarchitektur Schluss mit dunklen Kellern. Südtiroler Wein ist modern, und so wollen ihn die Winzer auch präsentieren. Es gibt etliche architektonische Highlights, darunter die lichtdurchflutete Kellerei der Winzergenossenschaft in Tramin (Weinstr. 144, www.cantinatramin.it) › S. 143.

Blick auf die Drei Zinnen

Die arbeitsintensive Pflege der Reben und Trauben ist die Sache erfahrener Weinbauern

... MIT NACH HAUSE NEHMEN SOLLTEN

31 Heilige Medizin Wenn es zwickt und zwackt, dann hilft Medizin aus den Bergen wie etwa »Spirito Gallico« von Dr. Rössler, ein Branntweingel mit Südtiroler Latschenkieferöl. Erhältlich in gut sortierten Drogerien und Apotheken (250 ml 13,50 €).

32 Süß und trocken Die Tradition des Dörrens wird in Südtirol schon seit vielen Jahren gepflegt. Ein Klassiker sind Vinschgauer Marillen: 50 g für 3,70 € beim Kandlwaalhof ▮ C5 in Laas (Unterwaalweg 10, www.luggin.net).

33 Gut beschürzt Nur in Blau ist die Bauernschürze das Südtiroler Original. Einst reine Arbeitskleidung, ist das gute Stück zum alpinen Lifestyle aufgestiegen. Kaum ein Südtiroler Wochenmarkt oder Souvenirshop, in dem es nicht die typische blaue Schürze zu kaufen gibt.

34 Wein vom Gipfelstürmer Reinhold Messner gehört auch das kleine, feine Weingut Unterortl ▮ D/E4 unweit von Schloss Juval. Köstlich ist z. B. der weiße Juval Glimmer 2017 (www.unterortl.it).

35 Alles Knödel Wer die Südtiroler Küche lieben gelernt hat und sie auch zu Hause nicht missen möchte, findet im Kochbuch »So genießt Südtirol – 33 × Knödel« viele Anleitungen zum Selbermachen (12 €, Athesia Buch ▮ b1, Lauben 186, Meran, www.athesiabuch.it).

Südtiroler Obst in destillierter Form

36 Süße Früchtchen Südtirol ist Obstland. Im Hofladen des Frötscherhofes 📖 J4 hoch über Brixen gibt es herrlich schmackhafte Fruchtaufstriche, etwa Holunder-Zwetschge oder Erdbeere-Rhabarber (Mellaun 174, Brixen/St. Andrä, www.froetscherhof.com).

37 Hochprozentiges In Südtirol hat das Schnapsbrennen eine lange Tradition. Jeder Bauer hütet das Geheimrezept seiner Edelbrände wie einen Schatz, so auch Mathias Lamprecht vom Lahnerhof 📖 E/F4 in Marling (Brugger Weg 2).

38 Originelles aus Zeitungen Besondere Schmuckstücke fertigt Eva Maria Moser, nämlich Ringe, Ohrringe und Halsschmuck aus Zeitungspapier. Stöbern und schmökern können Sie in ihrem Shop in der Pension An der Linde 📖 E4 in Algund (Mitterplars 15, www.evamaria moser.com).

39 Aus Holz zum Tragen Norbert Öttl und Caterina Praticò kreieren Taschen aus Holz. Das Resultat aus diesem genialen Mix von Handwerk und Design sind einzigartige Modeaccessoires made in Südtirol (ab ca. 95 €, Werkstatt und Showroom, Dorfstr. 69, 39040 Vahrn 📖 J3, www.embawo.com).

... BLEIBEN LASSEN SOLLTEN

40 Geschützte Flora pflücken Vom submediterranen Diptam bis zum hochalpinen Gletscherhahnenfuß – in Südtirol findet sich eine äußerst vielfältige Flora. Damit das so bleibt, sollten Besucher vor allem die 84 streng geschützten Pflanzen dort lassen, wo sie wachsen. Im Zweifel lieber gar keine Pflanzen mitnehmen.

41 Leicht bekleidet auf den Berg Das Wetter kann sich in den Dolomiten auch im Sommer schnell ändern. Ein Schneesturm im T-Shirt ist aber kein Spaß.

42 Das Glas Rotwein am Vormittag Merkwürdig, aber eine Tatsache: Nur wenn Sie als notorischer Säufer gelten wollen, sollten Sie vormittags Rotwein bestellen. Trinken Sie lieber ein Glas Weißwein.

43 Spaghetti mit Gabel und Löffel essen Dies gilt als ausgesprochen unfein. Außerdem sind Nudeln (pasta) nicht nur als Beilage, sondern als eigener Gang in einem Menü zu betrachten.

44 **Drinnen rauchen** Schon lange hat sich das Staatsgesetz zum Schutz der Nichtraucher durchgesetzt. Das heißt, man darf nur in explizit gekennzeichneten Raucherlokalen oder vor dem Haus rauchen.

45 **Der klassische Fauxpas** Nach dem feinen Essen ordern Sie einen Cappuccino oder schlimmer noch, einen Latte Macchiato. Gilt auch in Südtirol als Barbarei. Besser einen Espresso bestellen.

46 **Ciao!** Das klingt sympathisch und locker. Aber so grüßt man nur Bekannte und Freunde, nicht den Kellner, den Gastwirt, den Verkäufer oder den Schaffner.

47 **»Trockenen Wein« bestellen** Damit outen Sie sich als ahnungsloser Tourist. Trockener Wein zum Essen ist in Südtirol eine Selbstverständlichkeit – und auf Eiswürfel im Wein verzichten Sie auch besser.

48 **Einheimisch, aber richtig** Man sollte die Einheimischen tunlichst nicht als Italiener, Österreicher oder Deutsche bezeichnen. Richtig ist ausschließlich Südtiroler.

49 **Bozener Stau** An einem regnerischen Samstagvormittag mit dem Auto nach Bozen zu fahren, wird zur Geduldsprobe. Nehmen Sie lieber die öffentlichen Verkehrsmittel!

50 **Vipiteno statt Sterzing** Man sollte für die Südtiroler Ortschaften die deutschen Namen benutzen, nicht die italienischen. Nur für die ladinischen Gemeinden kann man natürlich den ladinischen Namen benutzen.

In Ladinien ist die Beschilderung sogar dreisprachig – sonst deutsch und italienisch

Der Seekofel (2810 m) ragt über dem
Pragser Wildsee (1496 m) empor

REISEPLANUNG
& ADRESSEN

DIE REISEREGION IM ÜBERBLICK

Südtirol ist ein Reiseziel für jede Jahreszeit und alle Ansprüche. Zwischen Brenner und Salurn, zwischen Reschenpass und Cortina kommen Wanderer ebenso auf ihre Kosten wie Genießer, fühlen sich Erholungssuchende genauso wohl wie sportlich Aktive.

Wanderer ernten neugierige Blicke von so manchem Zaungast am Wegesrand

Neben der großartigen Landschaft und der hervorragenden touristischen Infrastruktur ist es aber seit jeher jener Hauch von Süden, der den besonderen Reiz der größten Provinz Italiens ausmacht.

Das **Eisacktal,** eines der Haupttäler Südtirols, beginnt am Brenner. Wo das Pustertal Richtung Osten abzweigt, liegt die alte Bischofsstadt Brixen. Mit ihrem Dom, der historischen Altstadt und dem nahe gelegenen Kloster Neustift ist sie eines der beliebtesten Ziele der Region. Aber auch Sterzing mit der vielleicht schönsten Fußgängerzone Südtirols und einer langen Bergbautradition lohnt einen Besuch.

Anspruchsvolle Mountainbiker zieht es in das **Pustertal** und seine landschaftlich reizvollen Seitentäler wie das **Tauferer Ahrntal.** Hauptort und »Perle des Pustertals« ist das kleine, aber feine Städtchen Bruneck unterhalb des gleichnamigen Schlosses. Im Pustertal wie auch in den anderen Regionen Südtirols liegen immer wieder Burgen, Schlösser und Adelssitze als historische Highlights am Wegesrand.

Der **Vinschgau** erstreckt sich vom Reschenpass bis fast hinunter nach Meran. Im unteren Vinschgau sind die blühenden Obstbäume eine landschaftliche Attraktion. Noch heute versorgen Waale den Talboden zwischen

Kastelbell und Wals mit Wasser. Der Ortler (3905 m) – der »höchste Spitz in Tirol« – und das Stilfser Joch mit dem gleichnamigen Nationalpark liegen am Ende von reizvollen Seitentälern. In hochalpiner Lage wurde im Schnalstal der Ötzi entdeckt, dem in Bozen sogar ein eigenes Museum gewidmet wurde. Wer ein besonderes Faible für die Berge hegt, für den gehört der Besuch von Reinhold Messners Bergmuseen mit inzwischen sechs Standorten in Südtirol, darunter Schloss Juval im Vinschgau, zum Pflichtprogramm.

Im Sommer kann man auf Waalwegen die traditionsreiche Kurstadt Meran oder auf dem Meraner Höhenweg die Texelgruppe umwandern. Doch **Meran und das Meraner Land** haben noch einiges mehr zu bieten: die Altstadt mit ihren mittelalterlichen Toren und den Lauben, die neue Meraner Therme, Schloss Trauttmansdorff mit den berühmten Gärten und dem Tourismusmuseum, den malerischen Urlaubsort und das Schloss Schenna oder Dorf und Schloss Tirol, wo heute das Museum für Kultur- und Landesgeschichte untergebracht ist. Mit Meran 2000 hat die Kurstadt sogar ein eigenes Skigebiet zu bieten.

Im Winter lockt die weiße Pracht Brettlfans aus nah und fern in die Topskigebiete der **Dolomiten**. Die spektakuläre Bergwelt der Dolomiten zählt seit 2009 zum UNESCO-Weltnaturerbe und ist im Sommer ein Eldorado für Bergwanderer und Kletterer. Ob zu Fuß oder mit Skiern: Die Umrundung der Sellaguppe auf der berühmten »Sella Ronda« sollte auf dem Programm jedes Besuchers stehen und wird mit dem vielleicht eindrucksvollsten Dolomitenpanorama belohnt.

Weinfreunde zieht es in den **Südtiroler Süden**, in das sogenannte Unterland. An der Südtiroler Weinstraße verzaubern Landschaft und Weine gleichermaßen, auch für Radurlauber bietet diese Region ideale Voraussetzungen. Ein besonderes Highlight ist die Regionalhauptstadt **Bozen**. Einst als provinziell verschrien, hat sich Bozen längst zu einer lebendigen Stadt mit hoher Lebensqualität und lässigem Flair entwickelt – deutlich zu spüren bei einem Kaffee auf dem Walther-Platz, einem Bummel durch die Lauben oder einem guten Glas Südtiroler Wein in einem der schmucken Lokale.

KLIMA & REISEZEIT

Viele Regionen Südtirols sind klimatisch bevorzugt. Wer sehr trockenes Klima liebt, fährt in den Vinschgau, der, bedingt durch seine inneralpine Lage, auf eine jährliche Niederschlagsmenge von ca. 650 mm kommt.

Die Wetterlage in den Dolomiten wird dagegen oft durch Staulagen mit südlichen Winden – das gefürchtete Adriatief – beeinflusst. Den Föhn, einen trockenen Fallwind, der für extrem klare Luft an der windabgekehrten Seite

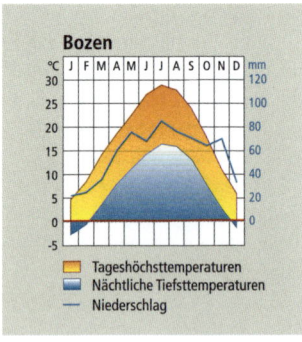

Bozen

Tageshöchsttemperaturen
Nächtliche Tiefsttemperaturen
Niederschlag

der Gebirge sorgt, kennt man auch in Südtirol, nur bläst er hier eher kühl. Ausgesprochen mild ist es dagegen im Unterland: In Bozen etwa sinkt die Temperatur auch im Winter kaum unter den Gefrierpunkt.

Südtirol hat ganzjährig Saison für Aktivurlauber: Im Frühling, wenn im Etschtal die Bäume blühen und oben auf den Gipfeln noch Schnee liegt, ist ebenso wie im Herbst die richtige Zeit für ausgedehnte Wanderungen. Im Sommer kann man im Kalterer See baden, den höchsten Tiroler Gipfel – den Ortler (3905 m) – besteigen oder auf Waalwegen die traditionsreiche Kurstadt Meran umwandern. Im Winter lockt die weiße Pracht Alpinskifahrer, Snowboarder und Langläufer in die Bergregionen. Die Südtiroler Fremdenverkehrsämter überbieten sich, wenn es darum geht, den Gästen zu jeder Jahreszeit ein möglichst umfangreiches und vielfältiges Freizeitangebot zu machen.

ANREISE

MIT DEM AUTO

Verkehrsknoten für die Anreise ist Innsbruck, von wo die Brennerautobahn A 22 den Alpenhauptkamm quert (Vignette und Maut für Europabrücke sowie Italien). Mit Staus ist auf dieser Haupttransitroute allerdings immer zu rechnen. Auch die kurvenreiche alte Brennerstraße ist oft völlig überlastet. Mögliche Alternativen sind die weniger befahrenen, steilen Pässe Reschen und Timmelsjoch. Von Osten her führen die Tauernautobahn oder der Felbertauerntunnel via Lienz ins Hochpustertal.

MIT BAHN UND BUS

Täglich verkehren IC- und ICE-Züge zwischen Deutschland, Österreich, der Schweiz und Südtirol (Bozen). Kinder zahlen in Italien den halben Fahrpreis. Über weitere Vergünstigungen geben die DER-Reisebüros sowie die DB AG Auskunft (www.bahn.de).

Zwischen zahlreichen deutschen, österreichischen und Schweizer Städten und Südtiroler Fremdenverkehrsregionen bestehen Fernbusverbindungen. Vom Flughafen München verkehrt der Südtirol Bus mindestens 5-mal täglich nach Meran, Kaltern, Bozen, Klausen, Brixen und Sterzing (www.suedtirolbus.it).

MIT DEM FLUGZEUG

Die nächstgelegenen internationalen Flughäfen sind Bozen (Dolomiti), Innsbruck (Kanebitten), Bergamo (Orio al Seio), Verona (Valerio Catullo) und Mailand (Malpensa, Linate).

REISEN IM LAND

MIT DEM AUTO

Auto- und Motorradfahrer benötigen Fahrzeugpapiere und ihren nationalen Führerschein. Die grüne Versicherungskarte wird in Italien bei Unfällen und Verkehrskontrollen verlangt. Auf der Autobahn gilt eine Geschwindigkeitsbegrenzung von 130 km/h (auf der Brennerroute 110 km/h), auf Landstraßen 90 km/h, innerorts 50 km/h – bei Nichtbeachtung drohen hohe Bußgelder! Die Promillegrenze liegt bei 0,5. Außerorts muss auch tagsüber das Abblendlicht eingeschaltet sein, und wer bei Pannen oder Unfällen aussteigt, muss eine Warnweste tragen. Die ACI-Pannenhilfe (Tel. 116) ist nur für Mitglieder mit Auslandsschutzbrief eines kooperierenden Automobilklubs gratis. Viele Pässe in Südtirol sind ab Wintereinbruch gesperrt.

MIT BUS UND BAHN

In Südtirol kann man die Vorteile des Transport Verbundsystems Autonome Provinz Bozen (TVS) nutzen und bequem mit Bussen, Seilbahnen und mit der Eisenbahn reisen. Im gesamten Gebiet des TVS gelten die gleichen

Aussichtsreiche Fahrt von Corvara zum Grödner Joch

DER RADELNDE KOCH

Beim Mounatinbiken mit einem Koch kommt auch der Genuss nie zu kurz

KOCHEN UND BIKEN

Was tun, wenn man zwei Leidenschaften im Herzen trägt? Gerhard Krautwurst alias Krauti lebt im Eggental einfach beide. Kochen und Biken, »cooking and biking« (www.cookingandbiking.it), nennt der gelernte Koch sein Konzept. »1995 bin ich als Küchenchef ins Hotel Erica nach Deutschnofen in Südtirol gekommen«, erzählt der gebürtige Niederösterreicher. »In meiner Freizeit war ich viel mit dem Mountainbike in den Dolomiten um Latemar und Rosengarten unterwegs.« Da im Hotel Erica auch Mountainbiketouren angeboten wurden, aber oft kein Guide da war, habe er immer häufiger die Touren übernommen und sich schließlich mit einer Bike Academy selbstständig gemacht. Seinen Gästen möchte er auf den Radtouren vor allem auch die kulinarische Kultur näher bringen. So gehören bei den Ausflügen verschiedene Hütten und örtliche Produzenten zum Programm. »Meine Lieblingshütte und einer der schönsten Plätze am Rosengarten ist die Hagneralm oberhalb von Welschnofen«, erzählt der radelnde Koch. Die Wirtsleute stellen hervorragenden Käse her. Krauti hält auch bei Caroma, der Kaffeerösterei in Völz am Schlern. Im Herbst sind Südtirols Weingüter ein beliebtes Ziel. Wer nach der Biketour noch fit ist, lässt sich von dem 48-Jährigen in die Geheimnisse von Speckknödelsuppe und Käsenocken oder Apfelküchle einweihen. Wenn alle nach dem Essen glücklich und zufrieden zusammensitzen, ist das für Krauti der schönste Moment.

- »Krauti« empfiehlt:
Hagneralm | Hagnerweg 9
Welschnofen | Mobil-Tel. 34 02 25 18 89
www.hagneralm.com

Fahrkarten. Neben Einzeltickets und Wertkarten gibt es auch Mehrtages-karten für einzelne Regionen oder für den Gesamtverbund. Als besonders zugkräftig haben sich in jüngster Zeit die **Vinschger Bahn** (Meran–Mals, 60 km) › S. 87 durch den Vinschgau und die **Pustertalbahn** (Franzensfeste–Innichen, 65 km) durch das gleichnamige Tal erwiesen (Info: www.vinsch gerbahn.it). In einigen Regionen werden im Sommer zusätzliche Busverbin-dungen eingerichtet, so etwa der SellaBus in den Dolomiten.

Die Fahrpläne der verschiedenen Busse und Bahnen sind häufig gut auf-einander abgestimmt, was das Umsteigen erleichtert (ausführliche Fahrplä-ne etc. unter www.sii.bz.it, Tel. 840 000 471).

Besonders günstig kommt man mit öffentlichen Verkehrsmitteln durch Südtirol, wenn man für das gesamte Gebiet oder für einzelne Regionen die **MobilCard** nutzt. Für 1, 3 oder 7 Tage gibt es die Karte zum Preis von 15, 23 bzw. 28 €. Reisende können damit das gesamte integrierte Transportsystem Südtirols nutzen (www.mobilcard.info).

Südtirol bereisen und gleichzeitig Südtirols Kultur erleben kann man mit der **museumobil Card.** Sie vereint zwei Angebote: die MobilCard und den Eintritt in die Südtiroler Museen. Sie ist für 3 oder 7 Tage erhältlich, berech-tigt zur unbegrenzten Nutzung von Bussen und Bahnen sowie zu je einem Eintritt in 90 verschiedene Museen (30 bzw. 34 €). Erhältlich ist die museumobil Card bei den Tourismusvereinen vor Ort, den teilnehmenden Museen und allen Verkaufsstellen der MobilCard. Kinder bis zum sechsten Lebensjahr fahren übrigens gratis, auch der Eintritt in die Museen ist für sie kostenlos (Infos im Internet unter www.mobilcard.info).

Die Vinschger Bahn saust verlässlich durch Südtirol

SPORT & AKTIVITÄTEN

WANDERN, BERGSTEIGEN UND KLETTERN

Wanderungen sind unverzichtbarer Bestandteil eines Südtirolurlaubs. Entsprechend dicht und gut markiert ist das Wegenetz, hinzu kommen Seilbahnen und Lifte, die den Bequemeren die Mühsal des Aufstiegs abnehmen, sowie viele bewirtschaftete Hütten und Berggasthöfe. Vor allem im Unterland in Südtirols Süden geht die Wandersaison fast bis zum Winter und wird auch gern mit dem Törggelen › S. 45 verbunden. Die örtlichen Tourismusvereine geben Broschüren mit Tourenvorschlägen heraus.

Südtirol, vor allem seine Dolomitengipfel, ist ein Traumziel für Bergsteiger und solche, die es werden wollen. Lernen kann man es in den Alpinschulen; sie führen verschiedene Kurse (auch für Kinder) durch und bieten geführte Tagestouren an. In Südtirol gibt es gut ein Dutzend dieser Einrichtungen, darunter z. B. die **Alpinschulen Catores** in St. Ulrich und **Sexten-Drei Zinnen** in Sexten › S. 126 oder die **Alpinschule Südtirol** der Bergsteigerikone Hans Kammerlander (Jungmannstr. 8, Sand in Taufers, Tel. 04 74 69 00 12, www.kammerlander.com).

In der Regel gut ausgebaut und vorbildlich gewartet sind in den Dolomiten die **Klettersteige** (ital.: *vie ferrate*), mit Drahtseilen, Leitern und Eisentritten abgesicherte Felsrouten. Ihre Begehung setzt aber einige bergsteigerische Routine, Schwindelfreiheit sowie eine spezielle Ausrüstung (Klettersteigset, Hüftgurt, Helm) voraus. Die Alpinschulen bieten begleitete Touren für Anfänger an.

HOCHSEILGÄRTEN

Die Hochseilgärten in Südtirol gehören zu den modernsten Europas, wie der **Adventure Park Enzwaldile** (Enzhof 107, Steinhaus im Ahrntal, www.enzwaldile.com),der **Ötzi-Rope-Park** im Schnalstal (Ende Stausee, Vernagt, www.hochseilgarten.bz) oder der **Abenteuerpark** in Kaltern (Sportzone St. Anton, www.abenteuerpark.it). Auch der kinderfreundliche Gasthof **Taser** in Schenna hat einen Hochseilgarten (Schennaberg 25, www.taseralm.com). Die meisten sind von April bis Oktober geöffnet.

DRACHENFLIEGEN/PARAGLIDING

An guten Startplätzen (z. B. Kronplatz, Seiser Alm) besteht kein Mangel. Tandemflüge bieten u. a. **Tandemflights Kronplatz** (Seilbahnstr. 10, www.tandemflights-kronplatz.com) und **Kronfly** (Reiperting 27, www.kronfly.it) in Bruneck.

GOLF

Einen Überblick und ausführliche Infos zu Golfplätzen gibt es im Internet unter www.golfinsuedtirol.it.
Golfclub Alta Badia ▮▮ D5
• Strada Planac | 39033 Corvara
www.golfaltabadia.it
(9 Loch, Mitte Mai–Sept.)

Golfclub Lana Gutshof Brandis  D5
- Brandisweg 13 | 39011 Lana
  www.golfclublana.it
  (9 Loch, Mitte Febr.–Dez.)

Golfclub Petersberg D5
- Unterwinkel 5 | 39050 Petersberg
  www.golfclubpetersberg.it
  (18 Loch, April–Okt.)

Golfclub Passeier-Meran D5
- Kellerlahn 3
  39015 St. Leonhard in Passeier
  www.golfclubpasseier.com
  (18 Loch, März–Nov.)

RADFAHREN

Fahrräder und Mountainbikes kann man in den meisten Ferienorten mieten. Es werden auch geführte Touren angeboten. Ausgeschilderte Radwege gibt es u. a. im Überetsch, im Unterland und im Pustertal. Die Vinschger Bahn › S. 87 verkauft an sieben Bahnhöfen Leihfahrräder sowie das Kombiticket Bike Mobil (1 Tag, 3 oder 7 Tage gültig). Ein Eldorado für Mountainbiker sind natürlich die Dolomiten. Dort finden auch viele offene Rennen für ambitionierte Freizeitsportler statt – z. B. »Dolomiti Superbike« (www.dolomitisuperbike.com) im Pustertal › S. 126. Nähere Auskünfte bei Südtirol Information › S. 153.

RAFTING

Wer sich nicht scheut, durch und durch nass zu werden, kann an organisierten Wildwasserfahrten auf Passer, Etsch, Talfer, Eisack, Rienz oder Ahr teilnehmen. Erfahrene Veranstalter sind u. a.:

Rafting Club Activ L2
- Ahrntalerstr. 22 | 39032 Sand in Taufers
  Tel. 04 74 67 84 22
  www.rafting-club-activ.com

Acquaterra D5
- c/o Sportstadion | 39021 Latsch
  Tel. 04 73 72 00 42 | www.acquaterra.it

Rafting Sterzing G2
- Brennerstr. 12 | 39049 Sterzing
  Mobil-Tel. 33 51 37 05 60
  www.raftingsterzing.it

Ob Passer oder Eisack, mit vereinten Kräften lässt sich jedes Wildwasser bezwingen

REITEN

Viele Orte bieten Reitstunden und Ausritte mit Südtiroler Haflingern an, u. a. im Sarntal, in Hafling und Schenna (Adressverzeichnis bei Südtirol Information › S. 153).

SURFEN

Kleinere Surfreviere findet man u. a. am Reschensee, am Vernagt-Stausee und am Dürrensee. Kurse am Kalterer See bietet die Surfschule beim Strandbad **Gretl am See** an (St. Josef am See 18, 39052 Kaltern, Tel. www.gretlamsee.com).

WELLNESS

Die Meraner Therme › S. 103 ist der am häufigsten besuchte und beliebteste Wellnesstempel in Südtirol. Die vielfältigen Angebote – darunter die herbstliche Traubenkur – stellen Entspannungssuchende garantiert zufrieden.

In vielen Orten existieren Erlebnisbäder (z. B. in Naturns oder Innichen), die neben Badespaß auch Wellness offerieren. Und natürlich verwöhnen viele Hotels ihre Gäste in exklusiven Wellness- und Spa-Landschaften mit maßgeschneiderten Relax-, Beauty- und Medical-Wellness-Programmen. Da der Begriff Wellness nicht geschützt ist, sollte man bei der Wahl des Hotels darauf achten, ob es z. B. eine Zertifizierung als anerkanntes Wellnesshotel besitzt.

Eine Renaissance erleben momentan Südtiroler Wohlfühltraditionen, mit denen sich ein herrlicher Wandertag oder eine anstrengende Skitour entspannt abschließen lässt:

In der Themer Meran und vielen Hotels – etwa in Schenna – kann man in Schafwolle oder Heu abtauchen oder ein Bad mit Extrakten aus Molke, Kastanie oder Apfel genießen. Unter www.belvita.it findet man 28 der führenden Wellnesshotels Südtirols, die sich unabhängig prüfen lassen.

WINTERSPORT

Skifahrer und Snowboarder finden in Südtirol und den Dolomiten ein schier unerschöpfliches Revier. Beliebt ist etwa die **Sella Ronda** › S. 118, ein Verbund von Liften rund um das Sellamassiv. Superlative verspricht der Skipass **Dolomiti Superski** (www.dolomitisuperski.com), der in 12 Skigebieten vom Pustertal bis zum Val di Fassa gültig ist.

Keine Wünsche lässt das Skigebiet von **Cortina d'Ampezzo** offen. Besonders reizvoll ist das Gebiet um den 2778 m hohen **Lagazuoi**. Auch das Skigebiet von **Sulden** am Ortler geht hoch hinaus. Bis auf eine Höhe von fast 3000 m surren die Lifte und erschließen abwechslungsreiche Pisten für alle Stufen des Könnens. Als perfektes Ziel für weniger Geübte gilt der **Kronplatz** › S. 74.

In der Nebensaison bietet das Programm »Weiße Wochen« vergünstigte Skipässe, Skikurse und Zusatzveranstaltungen an.

Im **Puster-** und **Fleimstal** findet sich ein verzweigtes Loipennetz sowie unzählige Kunst-, Natureis- und Rodelbahnen. Immer populärer werden geführte Schneeschuhwanderungen (Infos bei den örtlichen Ski- und Alpinschulen).

UNTERKUNFT

Südtirol verfügt über ein vielfältiges Angebot an Unterkünften für jeden Geschmack und Geldbeutel.

Die Hotels, Pensionen und Gasthöfe Südtirols sind in Kategorien eingeteilt, was zwar einiges über den Komfort, aber wenig über die Preise aussagt. Viele Hotels bieten auf Jahreszeit und Region abgestimmte Pauschalangebote an, wie Wanderwochen, Fitnesstage, »Weiße Wochen« › S. 30 etc. Ausgewählte **Wanderhotels** findet man unter www.wanderhotels.com und **Familienhotels** unter www.familienhotels.com. Ausführliche Informationen zum Thema **Urlaub auf dem Bauernhof,** über naturnahe Ferienwohnungen und Zimmer, bietet der Südtiroler Bauernbund auf seiner Website www.roterhahn.it.

Den Wunsch, ein Mal hochherrschaftlich in einer mittelalterlichen Burg oder einem historischen Schloss zu nächtigen, kann man sich in Südtirol leicht erfüllen – es gibt mehr als 350 Burgen und Schlösser. Manche sind längst verfallen, andere werden als Museen genutzt, und einige sind zu ansehnlichen **Schlosshotels** umgebaut worden, die ihre Gäste fürstlich verwöhnen (www.schlosshotels.co.at).

In Südtirol und den Dolomiten gibt es über 40 **Campingplätze.** Ein Gesamtverzeichnis und Infos sind unter www.campingsuedtirol.com oder bei Südtirol Information › S. 153 erhältlich.

SÜDTIROLS TOPHOTELS

- Das **Alpen Palace** L1 im **Ahrntal** überzeugt mit seinem Wellnessangebot sowie großzügigen Suiten inmitten herrlicher Landschaft.
Gisse 32
39030 St. Johann im Ahrntal
Tel. 04 74 67 02 30
www.alpenpalace.com
- Genießen und Entspannen mit Stil kann man im **Hotel Hohenwart** in **Schenna,** einem der beliebtesten Urlaubsorte Südtirols › S. 108.
- In dem vom Stararchitekten Matteo Thun mit viel natürlichen Baumaterialien gestalteten Designhotel **Vigilius Mountain Resort** bei Lana genießt man neben der Aussicht auch einen traumhaften Wellness- und Spa-Bereich › S. 111.
- Das schöne Hotel **Rosa Alpina** L5 in **St. Kassian** glänzt auch mit erstklassiger Küche.
Strada Micurá de Rü 20
39030 St. Kassian
Tel. 04 71 84 95 00
www.rosalpina.it
- Das **Stadthotel Greif** in **Bozen** mit individuell gestalteten Zimmern und entspannter Atmosphäre liegt direkt am Walther-Platz › S. 136.
- Das prächtige **Schlosshotel Korb** in **Eppan** zwischen Weinbergen und Obstgärten ist bekannt für seine gute Küche und die tollen Weine › S. 141.

Zum Fest an der Kirche St. Magdalena im Villnößtal wird Tracht getragen

LAND & LEUTE

STECKBRIEF

- **Fläche:** 7400 km²
- **Einwohner:** rund 525 000
- **Größte Städte:** Bozen 107 000 Einw., Meran 40 000 Einw.
- **Höchster Berg:** Ortler (3905 m)
- **Tiefster Punkt:** Etsch/Adige bei Salurn (207 m)
- **Längster Fluss:** Etsch (415 km, auf Südtiroler Boden ca. 220 km)
- **Bodennutzung:** 38 % Wald, 34 % Landwirtschaft, 3 % Siedlungsfläche, 25 % sonstige (v. a. Hochgebirge)

- **Landesvorwahl:** 0039
- **Währung:** Euro
- **Zeitzone:** MEZ

LAGE UND LANDSCHAFT

Nördlich markiert der Brenner die Grenze zu Österreich, im Süden bildet die Salurner Klause den Übergang zur Provinz Trentino, im Osten grenzt Südtirol an Osttirol und Venetien, und im Westen bildet der Reschenpass den wichtigsten Übergang nach Österreich. Während die niedrig gelegenen Gebiete im Vinschgau und im Südtiroler Süden von Obst- und Weinanbau geprägt sind und mancherorts bereits mediterran anmuten, dominieren in den höheren Lagen bis 2000 m ausgedehnte Bergwälder und satte Almwiesen. Noch weiter oben, etwa im Ortlermassiv und in den Dolomiten, ist die Landschaft hochalpin.

Südtirol ist ein Gebirgsland: Weniger als 5 % seiner Gesamtfläche liegen unterhalb der 500-m-Marke, gut 85 % dagegen über 1000 m.

An der Südabdachung des Alpenhauptkamms entspringen im Westen die Etsch, am Brenner der Eisack und an der Grenze zu Osttirol die Rienz. Sie bilden die großen Südtiroler Talschaften: den Vinschgau, den Eisackgraben und das Pustertal. Bei Brixen mündet die Rienz in den Eisack, bei Bozen fließen Etsch und Eisack zusammen.

BEVÖLKERUNG

Während der Hauptreisezeiten sind in der Region mehrheitlich Nichtsüdtiroler. Ca. 6,7 Mio. Übernachtungsgäste werden pro Jahr gezählt – und das in einem Land mit nur rund 525 000 Einwohnern. Nach der letzten Volkszählung 2011 sind über 69 % von ihnen deutsch- und gut 26 % italienischsprachig. Fast die Hälfte der Südtiroler und der größte Teil der italienischsprachigen

Bevölkerungsgruppe lebt in den Ballungsgebieten der Täler um Bozen und Meran. Das übrige Land ist mit rund 30 Einwohnern je km² relativ dünn besiedelt. Rund 4 % der Bewohner der Autonomen Provinz Bozen zählen zur Minderheit der Ladiner, deren Sprache – das Ladinische – zu den rätoromanischen Sprachinseln zählt, die auch noch im Friaul und in Graubünden existieren.

POLITIK UND VERWALTUNG

Südtirol bildet zusammen mit der Provinz Trento die Autonome Region Südtirol-Trentino (Alto Adige-Trentino) und gliedert sich in sieben Talschaften mit 116 Gemeinden.

Die Politik dreht sich in Südtirol seit dem Anschluss an Italien 1919 fast immer um die verlorene Selbstständigkeit. Massiver Zuwanderung und Italienisierung ausgesetzt, brachte den deutschsprachigen Südtirolern am 5. Sept. 1946 ein Abkommen zwischen Österreich und Italien erste Autonomierechte. Doch erst nach den Bombenattentaten der 1960er-Jahre und langwierigen Verhandlungen wurde das Südtirol-Paket verabschiedet, das 1969 auch von der Südtiroler Volkspartei (SVP) angenommen wurde und 1971 in Kraft trat. Seither regiert der Proporz im Land: Posten im öffentlichen Dienst werden dem Verhältnis der Sprachgruppen entsprechend verteilt – nicht gerade zur Freude der italienischen Bevölkerungsgruppe, die sich als Minderheit im eigenen Land fühlt. In den letzten Jahren ist eine deutliche Entspannung im deutsch-italienischen Verhältnis eingetreten. Dennoch werden auch noch in jüngster Zeit immer wieder Rufe nach einer neuerlichen Volksabstimmung laut.

WIRTSCHAFT

Wichtigster Wirtschaftszweig Südtirols ist der Fremdenverkehr mit über 25 % des Bruttoinlandsprodukts (BIP). Im Jahr 2017 konnten die 4065 Südtiroler Beherbergungsbetriebe 25,2 Mio. Übernachtungen verzeichnen. Die Landwirtschaft trägt nur noch 5 % zum BIP bei. Hauptexportgüter Südtirols sind Obst – über 1 Mio. Tonnen pro Jahr, davon über 90 % Äpfel – und natürlich Wein: Zwischen 400 000 und 500 000 hl werden pro Jahr gekeltert, davon rund 65 % Rotwein. Etwa die Hälfte der Südtiroler Weinproduktion wird exportiert. Dagegen beliefert die Holz verarbeitende Industrie des Pustertals vor allem italienische Möbelhersteller.

Äpfel sind ein wichtiges Exportgut Südtirols

GESCHICHTE IM ÜBERBLICK

Um 3000 v. Chr. Im Etschtal weisen Steinkistengräber auf erste Besiedlung hin.

Um 800 v. Chr. Dolmengräber zeugen von einer Megalithkultur in der Meraner Gegend.

36 v. Chr. Die Römer gründen Tridentum (Trient).

6. Jh. n. Chr. Während der Völkerwanderung kommen die Bajuwaren von Norden und die Langobarden von Süden her ins Land.

769 Herzog Tassilo III. von Bayern gründet das erste Kloster Tirols in Innichen.

1158 Kaiser Friedrich I. zieht mit seinem Heer über den Brenner.

1248 Albert III. und seine Nachfolger herrschen als »Grafen von Tirol«.

1363 Gräfin Margarethe Maultasch vererbt Tirol dem Habsburgerherzog Rudolf IV.

1420 Innsbruck wird anstelle von Meran Hauptstadt Tirols.

1499 Die Graubündner dringen in den Vinschgau vor.

1525 Bauernaufstände greifen von Süddeutschland aus auf Tirol über.

1665 Nach dem Aussterben der Tiroler Linie der Habsburger wird Tirol von Wien aus verwaltet.

1703 Im Spanischen Erbfolgekrieg wehren die Tiroler Schützen Franzosen und Bayern ab.

1803 Säkularisation der Fürstbistümer Brixen und Trient.

1805 Nach der Niederlage gegen Napoleon muss Österreich Tirol an Bayern abtreten.

1809 Erfolgloser Aufstand der Tiroler unter Führung Andreas Hofers. Im Frieden von Schönbrunn fällt Nordtirol an Bayern, der Süden und das Trentino an Italien.

1815 Beim Wiener Kongress erhält Österreich Nord-, Südtirol und das Trentino zurück.

1915–1918 Kaiserjäger und Alpini liefern sich einen erbitterten Stellungskrieg im Hochgebirge.

1919 Nach dem Ersten Weltkrieg verliert Österreich im Vertrag von Saint-Germain Südtirol an Italien.

1922 Unter Mussolini beginnt eine rigorose Italienisierungspolitik.

1939 Hitler-Mussolini-Umsiedlungsabkommen; rund 75 000 Südtiroler verlassen ihre Heimat.

1943 Nach Mussolinis Sturz erklärt Italien Deutschland den Krieg.

1948 Die neu geschaffene Region Alto Adige-Trentino erhält Autonomiestatus und eine Regierung.

1992 Die Kultur- und Sprachenautonomie der deutsch- und ladinischsprachigen Südtiroler wird international verankert.

1998 Bozen erhält eine Universität und einen Flughafen.

2001 Bei den italienischen Parlamentswahlen wird die Südtiroler Volkspartei (SVP) mit rund 60 % in Südtirol stärkste Partei.

2006 Wahl Romano Prodis zum Ministerpräsidenten. In Südtirol erreicht Prodis Koalition v. a. dank der SVP fast 75 % bei der Abgeord-

netenkammer-Wahl, beim Senat kommt die SVP alleine auf 63 %.
2008 Bei der Landtagswahl bleibt die SVP erstmals seit 1948 unter der 50 %-Marke, kann aber ihre Mehrheit nach Sitzen retten.
2009 Die Dolomiten werden zum UNESCO-Weltnaturerbe erklärt.
2011 Silvio Berlusconi tritt als italienischer Ministerpräsident zurück.
2013 Die SVP wird bei den Landtagswahlen mit 45,7 % Wahlsieger.
2014 Schwere Unwetter in Norditalien fordern Todesopfer.
2015 Nachfolger von Staatspräsident Giorgio Napolitano wird Sergio Mattarella.
2018 Italien bekommt eine Regierung der populistischen Parteien Lega und Fünf-Sterne-Bewegung.

NATUR & UMWELT

Bis hinauf in die Regionen des ewigen Schnees finden Blumen, Gräser und Flechten noch ausreichende Lebensbedingungen. Entlang der Wanderwege blühen herrliche Alpenblumen.

Viele der Pflanzen stehen unter strengem Schutz, etwa das Edelweiß, diverse Enzianarten, Steinröschen, Türkenbund, Feuerlilie, Steinbrech und die Schopfige Teufelskralle.

Die Fauna unterscheidet sich nicht wesentlich von der anderer Südalpenregionen. Weit verbreitet sind Gämsen und Murmeltiere. Selten, aber im Bestand nicht mehr gefährdet ist der Adler. Auch dem einst in den Ostalpen ausgerotteten Steinbock kann man in Südtirol wieder begegnen. In tieferen Lagen trifft man an sonnigen Steilhängen auf Smaragdeidechsen und gelegentlich auf Schlangen. Bevorzugt in Eichenbuschwäldern leben Hirschkäfer, Gottesanbeterin und Zikaden. Auch der berühmte Gletscherfloh (Isotoma saltans) entstammt keineswegs dem Bergsteigerlatein, das winzige Insekt gibt es wirklich. Es ernährt sich bevorzugt von Pollenkörnern, die der Wind über die Eis- und Firnflächen weht.

Seit geraumer Zeit ist man verstärkt bemüht, Südtirols wichtigstes Kapital, die Natur, besser zu schützen. Die **Naturparks** des Landes

Weit verbreitet: das Murmeltier

(ca. 24,5 % der Gesamtfläche) sollen helfen, die alpine Natur zu erhalten. Neben dem bereits 1935 gegründeten **Stilfser Joch-Nationalpark** *(Parco Nazionale dello Stelvio;* 1346 km²), der nur knapp zur Hälfte in Südtirol liegt und bis in die Lombardei und ins Trentino hineinreicht, gibt es mittlerweile eine ganze Anzahl von Schutzgebieten in Form von Naturparks: Texelgruppe (330 km²), Rieserfernergruppe (315 km²), Fanes-Sennes-Prags (260 km²), Sextner Dolomiten (116 km²), Puez-Geisler (95 km²), Trudner Horn (65 km²), Schlern (64 km²) und Sarntaler Alpen (geplant; 400 km²).

Doch Naturschutz endet in Südtirol nicht an den Grenzen der Parks. Immer mehr Kommunen, Verbände und Betriebe verschreiben sich einem umwelt- und sozialverträglicheren »sanften Tourismus«, entwicklen Konzepte zur Direktvermarktung regionaler Produkte, zur Müllvermeidung, Verkehrsberuhigung etc.

Weitere Informationen über den Nationalpark und die Naturparks in Südtirol sind unter www.parks.it oder www.stelviopark.it nachzulesen.

KUNST & KULTUR

Ältestes Zeugnis der Frühgeschichte Südtirols ist die »Tuiflskammer«; so heißt im Volksmund die Steinpyramide bei St. Nikolaus in Kaltern, die auf das Jahr 2000 v. Chr. datiert wird.

Ihr Durchmesser beträgt am Sockel 50 m und verjüngt sich in Terrassen bis zum 15 m hohen Gipfel – 10 000 m³ Gestein, von Menschenhand zu kultischen Zwecken aufgetürmt. Etwa 1000 Jahre jünger sind die figürlich verzierten Menhire aus Algund (im Museum von Meran).

Mit dem Beginn der Eisenzeit, die in Tirol um 500 v. Chr. einsetzt, werden die archäologischen Funde reichhaltiger. Aus den Tälern Val di Fassa (Fassatal), Val di Fiemme (Fleimstal) und Val Gardena (Grödner Tal) stammen verzierte Keramik und Kleinbronzen. Bei Grabungen in der Apsis der Kirche Santa Giuliana bei Vigo di Fassa kam in jüngerer Zeit ein Kultplatz aus dem 4. Jh. v. Chr. ans Tageslicht. Auch die Fluchtburgen der Räter, die Wallburgen, waren vermutlich Kultplätze. Archäologische Funde aus verschiedenen Epochen lieferte der Porphyrhügel von Castelfeder bei Auer, auch Klein-Griechenland genannt.

Von der ein halbes Jahrtausend dauernden Zugehörigkeit zum Römischen Reich blieben, neben Fundamenten des Römerlagers Sebatum bei St. Lorenzen, nur ein Mithras-Steinrelief in Sterzing sowie Meilensteine und Kleinplastiken erhalten.

Aus der Zeit der Völkerwanderung (6.–8. Jh.) sind ebenfalls nur spärliche Zeugnisse erhalten; in Säben, dem ersten Bischofssitz Tirols, bestätigen die

Beigaben in einer Nekropole, dass Bajuwaren und Langobarden in der ersten Hälfte des 7. Jhs. friedlich zusammenlebten – die Schmuckstücke der Frauen sind vom Norden beeinflusst, die goldbrokatbesetzten Kleider stehen dagegen in spätrömischer Tradition.

FRÜHMITTELALTERLICHE KUNST UND ROMANIK

Mit der fränkischen Eroberung Ende des 8. Jhs. hält die Kunst in Tirol Einzug; in den Durchgangstälern der Alpenregion entstehen Kirchen mit Wandmalereien, von denen zwei erhalten blieben: Die karolingischen Fresken von Sankt Prokulus in Naturns › S. 95 und Sankt Benedikt in Mals im oberen Vinschgau gehören zu den ältesten der frühmittelalterlichen Kunst (Anfang 9. Jh.). Mit der Belehnung der Fürstbistümer Brixen und Trient zeichnete sich zu Beginn des 11. Jhs. nach einer längeren Pause wieder ein langsamer Aufschwung im künstlerischen Schaffen ab. Erste Beispiele dafür sind die Krypta des Klosters Sonnenburg im Pustertal (um 1020) und die Außenfresken von St. Peter ob Gratsch bei Meran (um 1080).

Im 12. und 13. Jh. erreicht die Romanik ihre volle Blüte; der wichtigste aus dieser Zeit erhaltene Kirchenbau steht in Innichen. Das besondere Vermächtnis der Romanik sind jedoch die einmaligen Fresken in Innichen (Kuppel), im Kloster Marienberg (Krypta) sowie die Fresken von Grissian (Apsis von St. Jakob in Kastellaz) und der Burg Rodeneck, aber auch die eher volkstümliche Darstellung der »Magd beim Knödelessen« in der Burgkapelle von Hocheppan › S. 140 – Freskenzyklen von internationaler Bedeutung.

In Südtirol hat die Bearbeitung des Werkstoffs Holz eine lange Tradition; Beispiele der regional hervorragenden Schnitzkunst sind etwa die Innicher Kreuzigungsgruppe, die Kruzifixe der Pfarrkirche in Gries und der Spitalkirche von Sonnenburg sowie zahlreiche Madonnen in den Museen von

Gotische Fresken
im Brixner Domkreuzgang

Bozen und Brixen. Die Portale von Brixen (Kreuzgang), Schloss Tirol, Marienberg und Innichen sowie die Triforienfenster der Burgruine Boymont bei Missian sind schöne Beispiele der sonst eher seltenen romanischen Bauplastik.

GOTIK BIS BAROCK

Um 1300 beginnt die Gotik vom Norden her auch auf Südtirol Einfluss zu nehmen. In der Baukunst verdrängt sie langsam die lombardischen Bauhütten, erreicht jedoch nie ihre großartigen französischen und deutschen Vorbilder. In Brixen ist nur der romanisch begonnene, aber gotisch eingewölbte Kreuzgang erhalten geblieben. In Bozen und Meran entstehen gotische Pfarr- und Ordenskirchen.

Der Wohlstand des spätmittelalterlichen Bürgertums kommt besonders der Ausstattung der Bauwerke zugute: Die Alpenregion wird das Land der Flügelaltäre und Fresken. Der Brixner Kreuzgang stellt das ganze Spektrum der Tiroler Malkunst zwischen 1390 und 1509 dar, und die Fresken des Neustifter Kreuzgangs stehen ihm da keineswegs nach.

Das prosperierende Bürgertum begünstigt besonders in Bozen und Brixen die Entstehung von Malschulen, bei denen auch andere Städte und kleine Gemeinden Fresken bestellen. Im Durchgangsland vermischen sich verschiedene Malstile: Der nördliche Konturenstil mit seinen bewegten Personendarstellungen verbindet die Bozner Schule mit realistischen, streng perspektivisch aufgebauten Landschafts- und Architekturszenen im Stil Giottos. Musterbeispiele sind die Fresken der Johanneskapelle im Dominikanerkloster sowie die anmutigen Abbilder des höfischen Lebens in der Burg Runkelstein.

Überall in Südtirol begegnet man außen an den Kirchenwänden dem »Stoffel«, denn Christophorus ist von alters her der Schutzpatron aller Reisenden im Durchgangsland Tirol.

ERLEBENSWERTE MUSEEN

- **Landesmuseum für Volkskunde** in Dietenheim – eines der schönsten Freilichtmuseen > S. 74.
- **Museum St. Prokulus** – ein Highlight für Kunst- und Kulturinteressierte > S. 94.
- **Touriseum** auf Schloss Trauttmansdorff – hier wird die Geschichte des alpinen Tourismus lebendig > S. 104.
- **Museum Passeier** im Passeiertal – alles über den Freiheitshelden Andreas Hofer und mehr > S. 109.
- **Museum Ladin** in St. Martin in Thurn – Geschichte und Kultur der Ladiner > S. 121.
- **Museion** in Bozen – ein Haus für moderne Kunst mit Anspruch > S. 134.
- **Archäologisches Museum** in Bozen – Ötzi, Ötzi, Ötzi! > S. 134.

Kunstgespür bewiesen die Sterzinger, als sie den Ulmer Bildhauer und Maler Hans Multscher mit dem Flügelaltar für ihre Pfarrkirche beauftragten: Er schuf ein bahnbrechendes Meisterwerk (1458/59).

Mit dem Pustertaler Maler und Holzschnitzer Michael Pacher (um 1430 bis 1498) erreicht die Tiroler Kunst ihre Blüte. In der alten Grieser Pfarrkirche steht sein wichtigstes Werk, der Marienkrönungsaltar; in Neustift eine Kopie seines gemalten Kirchenväteraltars (Original in der Alten Pinakothek in München).

Der Arkadenhof der Brixner Hofburg und die Sommerresidenz Velthurns sind die Prunkstücke der Südtiroler Renaissance des 16. Jhs. Auch die reichen Bürger legen Wert auf repräsentative Bauten und ahmen in ihren Landhäusern und Ansitzen den Dekor des höfischen Stils nach; die Churburg wird sogar umgebaut. Im 17. Jh. bleibt durch die Folgen des Dreißigjährigen Krieges und einer Pestepidemie kein Geld mehr für die Kunst.

Erst mit dem Barock des 18. Jhs. erholt sich das Kunstschaffen langsam wieder. Inspiration kommt von Künstlern aus dem süddeutschen Raum und aus Oberitalien, und die Alpenregion kann sich dem neuen Geschmack von Stuck und Farbe nicht entziehen. Viel Altes, Schönes geht verloren.

Als einheimischer Künstler beeindruckt der Maler Paul Troger in der Hofburg und im neuen Dom von Brixen; Neustift wird barockisiert, seine Bibliothek erhält ein Rokokogewand. Bürgerlicher Barock manifestiert sich im Bozner Merkantilpalast, im Latscher Ansitz Mühlrain und im Schloss Wolfsthurn (bei Sterzing).

Mit dem Beginn der Napoleonischen Kriege 1797 endet diese Epoche, und in der Folgezeit bringt die Südtiroler Kunst kaum mehr Nennenswertes hervor.

Die Bischöfliche Hofburg in Brixen schmückt sich mit eleganten Renaissancearkaden

DAS 20. UND 21. JAHRHUNDERT

Zwei Weltkriege und das faschistische Regime beeinträchtigen die kulturelle Entwicklung Südtirols entscheidend. So markiert der 1914 eröffnete Kursaal in Meran, ein Juwel des Jugendstils, auch das Ende einer Epoche.

Nach dem Zweiten Weltkrieg hält man an alpenländischen Traditionen fest. Im Über die Landesgrenzen hinaus bekannt sind Südtiroler Künstler wie der Maler und Grafiker Rudolf Stolz (1874–1960) und der Maler Karl Plattner (1919–1986). Mit der Zeit gehen die Bildhauer Adolf Vallazza (geb. 1924), der in St. Ulrich in Gröden Totems und Stühle aus altem Holz schafft, oder Franz Kehrer (geb. 1948) in Enneberg mit seinen schlanken Bronzeskulpturen sowie Fotograf Walter Niedermayr (geb. 1952), der in Bozen lebt und arbeitet. Von Meran nach New York schaffte es der Maler Rudolf Stingel (geb. 1956), dessen konzeptuellen Werke derzeit international hoch gehandelt werden.

Bis heute prägen historische Burgen, Kirchen, Klöster und Bauernhöfe das Bild. Seit Anfang des 21. Jhs. ist aber eine Trendwende bei der Architektur zu erkennen: Private und öffentliche Auftraggeber setzen auf deutliche zeitgenössische Akzente. So entstehen interessante Hotel- und Kellerei- aber

---

💬 EIN RELIKT AUS MUSSOLINIS ZEITEN

Südtirol/Alto Adige, Brenner/Brennero, Bozen/Bolzano ... Die allgegenwärtige Zweisprachigkeit der Südtiroler Ortsnamen ist ein Relikt aus Mussolinis Zeiten. Der aus Rovereto stammende Geograph Ettore Tolomei – ein Anhänger des Irredentismus, jener nationalistischen Bewegung, die nach der Brennergrenze verlangte – war der Meinung, was italienisch sein sollte, brauchte auch italienische Namen. Also ging Tolomei mit Akribie daran, Tausende von Orts-, Flur- und Familiennamen ins Italienische zu übersetzen. Und dies, obwohl seine philologischen Kenntnisse ziemlich dürftig waren. Sein »Handbuch der Südtiroler Ortsnamen« diente Mussolini dann als Grundlage für neue Landkarten. Dabei entstand allerhand Kurioses: So erfuhr z. B. das Fischleintal (Sexten) gleich eine doppelte Namensverstümmelung, vom ladinischen Viscalina (zum Fiskus gehörend) über das deutsche Fischlein zum italienischen Fiscalina. Dass aus dem Glockenkarkopf im hintersten Ahrntal Vetta d'Italia (Haupt Italiens) wurde, hat dagegen politischen Hintergrund: Der Gipfel ist seit 1919 nördlichster Punkt des Landes. Seit 1993 befasst sich die Landesregierung mit der Namensproblematik. Ein Kompromiss konnte aber bis heute nicht erzielt werden. Zwischenzeitlich ermittelte sogar der Staatsanwalt. Erst im Sommer 2013 wurde eine, nun wohl hoffentlich endgültige Einigung erzielt. Danach zeigte sich die Unterstaatssekretärin Michaela Biancofiore spendabel: Auf eigene Rechnung hat sie 1526 zweisprachige Wegschilder bestellt – für 9000 Euro.

auch Museumsneubauten, die oft historisches Ambiente, natürliche Materialien und Gegenwartskunst verbinden, z.B. beim Bozener Museion – Museum für moderne und zeitgenössische Kunst. Für das Hotel und die Innenausstattung der Therme Meran und das Hotel Vigilius Mountain Resort in Lana ist der gebürtige Bozner Stararchitekt und -designer Matteo Thun (geb. 1952) verantwortlich, der längst international erfolgreich ist.

FESTE & VERANSTALTUNGEN

Die Südtiroler pflegen traditionelle Bräuche wie Alpauffahrten, Schützenfeste, Kirchweihfeste. Neben bäuerlichen und kirchlichen stehen auch Feste heidnischen Ursprungs im Kalender.

Dazu gehört z. B. das Scheibenschlagen im Vinschgau am »Holepfannsonntag«. Aus einem germanischen Sonnwendmythos entstand das Klöckeln, wie es vor allem noch im Sarntal in den drei Nächten vor Weihnachten mit viel Lärm geübt wird.

Ziemlich laut geht's auch beim Traminer Egetmann zu, einem Umzug, mit dem der Winter ausgetrieben und der bevorstehende Frühling begrüßt wird. Musikgenuss in historischem Ambiente vermitteln die zwhalreichen sommerlichen **Schlosskonzerte** überall im Land (u. a. Trostburg, Labers, Schenna, Taufers, Velthurns, Prösels, Neustift, Wolfsthurn, Tirol und Ehrenburg).

FESTKALENDER

Januar: Pustertaler Skimarathon (Toblach–Olang/Antholz, www.ski-marathon.com); **Kastelruther Bauernhochzeit.**
März: Bozner Weinkost in der Altstadt
März/April: Bauerngalopp, Haflingerrennen mit Festumzug, Ostermontag in Meran.
April/Mai: Bozner Blumenmarkt auf dem Walther-Platz um 30. April/1. Mai.
Mai: Eppaner Burgenritt mit Ritterspielen.
Juni: Historischer **Oswald-von-Wolkenstein-Ritt** am Schlern (www.ovwritt.com); **Fronleichnamsprozessionen** vielerorts.
Juli: Tanzfestival Bozen (www.tanzbozen.it); **Soireen auf Schloss Tirol** mit Konzerten und kulinarischen Köstlichkeiten (www.schlosstirol.it)

Juli/August: Rittner Sommerspiele mit Freilichttheater in Lengmoos (www.rittner sommerspiele.com). **Schloss Festspiele Dorf Tirol,** Freilichttheater (www.schloss festspiele.events)
August/September: Meraner Musikwochen Klassikkonzerte im Kursaal (www.meranofestival.com)
September: Vinschger Apfeltage in Schlanders; **Altstadtfest Bozen.**
Oktober: Traubenfest in Meran; **Stegener Markt** in Stegen bei Bruneck.
November: Martinimarkt in Girlan.
Dezember: Christkindlmärkte in Bozen, Brixen, Bruneck, Meran, Sterzing; **Skiweltcup** in Gröden und Alta Badia.

ESSEN & TRINKEN

Immer mehr Gastwirte in Südtirol besinnen sich auf ihr kulinarisches Erbe und lassen sich anregen von der traditionellen Küche der Regionen Trentino, Venetien und der Lombardei. Inzwischen kann sich Südtirol mit fünf Zwei- und 14 Einsternerestaurants schmücken.

Im Mittelpunkt der Südtiroler Kochkunst stehen traditionell Knödel, Nockerln und Krapfen. Der Teig wird aus Kartoffeln, altbackenem Brot oder Mehl mit Eiern oder Milch hergestellt und in allen möglichen Variationen süß und salzig weiterverarbeitet. Die Speckknödel werden mit Kraut serviert, die Spinatnocken mit geriebenem Käse, die Kasnocken mit flüssiger Butter, die Schwarzknödel oder Schwarzplenten mit Fleischbrühe, die Leberknödel ebenso oder auch mit Kraut, die Topfennocken schmecken mit Butter oder Käse. Die süßen Knödel, mit Marillen, Zwetschgen oder Birnen gefüllt, werden in Zimt und Zucker gewälzt.

Zu den süßen Wundern gehört der Innicher Sterz, eine herrliche Pfannkuchenvariante mit Heidelbeeren. Unter den Krapfen sind die mit Spinat gefüllten Schlutzkrapfen besonders köstlich.

Der Tiroler mag Suppen – die Gerstelsuppe mit Graupen und Speck bildet eine gute Grundlage. Eine Spezialität ist die Milzschnittensuppe: Weißbrotscheibchen werden in eine Tunke aus Kalbsmilz, Eigelb und Gewürzen getaucht, in Butter herausgebacken und in Fleischbrühe serviert.

Südtiroler Strudel – große Teigrollen aus dem Rohr – werden in vielen Füllungsvarianten serviert, z. B. mit Spinat, Fleisch, Gemüse, Käse und Gewürzen. Süße Strudel enthalten die reiche Auswahl an Früchten, die in der Region wachsen: Äpfel, Birnen, Zwetschgen, Kirschen u. a.

Bei den Hauptgerichten dominieren längst nicht nur deftige Braten. Bei vielen engagierten Küchenchefs ist ein moderner, mediterraner Einfluss spürbar, ohne dass z. B. einheimische Wildspezialitäten in Vergessenheit geraten. Immer ein Genuss ist die Forelle aus den Gebirgsbächen (in Meran heißt sie Passeierforelle).

Südtiroler Speckknödel

SÜDTIROLER WEINE

Die neue Winzergeneration hat in den letzten Jahren den Ertrag zugunsten der Qualität reduziert, indem sie den traditionellen Anbau auf Holzträgern abschaffte und modernste Kellertechnik einführte. Die meisten Südtiroler Weine stammen heute aus kontrollierten Anbaugebieten und dürfen deshalb die Qualitätsbezeichnung DOC *(denominazione di origine controllata)* nach dem italienischen Weingesetz tragen. Umfassende Informationen über alle Südtiroler Reben bietet jedes Frühjahr die »Bozner Weinkost«. Im Weinmuseum in Kaltern > S. 143 dreht sich ebenfalls alles um den Wein.

Im Spätherbst hat das **Törggelen**, benannt nach der »Törggl« (Weinpresse), dann Hochsaison. die Von den Weinbauern zwischen Kaltern und Neustift werden »Nuier« (Neuer Wein), »Kesten« (Maronen) und Speck vom Brettl serviert. Die fröhliche Tradition entstand unter den Habsburgern, die den Landwirten die Direktvermarktung ihrer Weine gestattete. Heute erfreut sich sie sich bei Touristen außerordentlicher Beliebtheit.

Aber auch in den **Buschenschanken** (bäuerliche Ausschankbetriebe) genießt man Südtiroler Weine in authentischer Atmosphäre von schlicht bis edel.

Der Südtiroler Bauernverband führt im Internet eine Übersicht der Hof- und Buschenschanken mit ausführlichen Beschreibungen und Details zu Speis und Trank (www.roterhahn.it).

DIE BESTEN RESTAURANTS

- Im **Finsterwirt** in **Brixen** verwöhnt Küchenmeister Hubert Ploner seine Gäste mit junger Südtiroler Küche > S. 57.
- Auf dem Gourmetbauernhof **Pretzhof** in **Wiesen** kocht man mit Produkten aus eigener Herstellung; dazu werden erlesene Weine kredenzt > S. 63.
- Im Glaspavillon des **Restaurants Tilia** N3/4 serviert Chris Oberhammer, einer der besten Köche Südtirols, seine Kunst (Dolomitenstr. 31b, 39034 Toblach, Mobil-Tel. 33 58 12 77 83, www.tilia.bz, €€€).
- Die Gourmetstube **La Stüa de Michil** im Hotel La Perla in **Corvara** gefällt nicht nur mit exquisiten Menüs, sondern auch mit angenehmem Ambiente > S. 121.
- Norbert Niederkofler im **St. Hubertus** in **St. Kassian** war der erste Koch in Südtirol mit drei Michelinsternen > S. 122.
- Zu den absoluten Klassikern zählt das **Wirtshaus Vögele** in **Bozen** mit traditioneller Südtiroler Küche im Herzen der Stadt > S. 136.
- Genießer zieht es ins höchstgelegene Sternerestaurant Italiens, den **Auener Hof** G4 im **Sarntal** (Auen 21, Tel. 04 71 62 30 55, www.auenerhof.it, €€€).
- Im **Zur Rose** in **Eppan** genießt man vorzügliche Menüs von Chef Herbert Hintner. Allein schon die Wein- und Champagnerkarte lohnt den Besuch > S. 142.

Die hochalpine Natur um den
Gebirgspass Stilfser Joch ist durch
einen Nationalpark geschützt

TOUREN & SEHENSWERTES

EISACKTAL

Die Seiser Alm ist die größte aller europäischen Hochalmen

Von dem über die Alpen führenden Brennerpass bis zum fast schon mediterran anmutenden Bozen folgen Reisende im Eisacktal den Spuren alter Handelswege, der Bergwerksgeschichte und alpiner Traditionen.

Der Brenner (Brennero, 1375 m) bildet die Grenze zwischen Österreich und Italien – er trennt seit 1919 Tirol in zwei Teile. Gleichzeitig ist der Pass der niedrigste Übergang über den Alpenhauptkamm und Wasserscheide zwischen Schwarzem Meer und Adria. Doch der Brenner ist noch mehr: Seit fast 4000 Jahren dient er als Tor zum Süden und ist heute eine der wichtigsten Transitrouten in der EU, mit einer entsprechend hohen Verkehrsbelastung für das Tal.

Das Fuggerstädtchen Sterzing profitierte vom Warenhandel über den Brenner und entwickelte sich zur blühenden Handelsstadt, zumal in der Umgebung seit dem 13. Jh. und bis ins 20. Jh. vor allem Silber und Blei abgebaut wurden. Das Landesbergbaumuseum im Ansitz Jöchlsthurn informiert heute über die Bergbaugeschichte der Region. Mit seinem Skigebiet am Rosskopf erfreut sich das Städtchen auch bei Wintersportlern einiger Beliebtheit. Jederzeit gern bummeln die Sterzinger und ihre Gäste durch die Neustadt. Diese ist nicht etwa ein Stadtviertel, sondern die vermutlich schönste Einkaufsstraße Südtirols mit stattlichen spätgotischen Häusern. Von Sterzing aus lassen sich gut Ausflüge – wie etwa zum Schloss Reifenstein, einem Prachtexemplar von Raubritterburg – unternehmen.

So häufig der Brenner auch als Tor zum Süden bezeichnet wird, eigentlich beginnt der Süden erst in Brixen, dem einst mächtigen Bischofssitz. Am Zusammenfluss von Eisack und Rienz weitet sich das Eisacktal, und man spürt einen ersten mediterranen Hauch. An den sonnigen Hängen über der Kleinstadt gedeiht Wein, und im Eisacktal wird Obst angebaut.

Von der geschichtlichen Bedeutung des Brennerübergangs und des Tals zeugen eine Reihe von mächtigen Festungen, Burgen, Schlössern und Klöstern, die sich zwischen Brenner und Bozen wie Perlen auf einer Schnur aneinanderreihen: Zu den wichtigsten gehören Schloss Reifenstein, Franzensfeste, Trostburg, Kloster Säben und Kloster Neustift.

Längst hat in Orten wie Klausen oder Kastelruth der Tourismus Fuß gefasst. Auch das ein oder andere reizvolle Seitental zählt inzwischen zu den sowohl im Sommer als auch im Winter gut besuchten Reisezielen. Allerdings geht es in Tierser, Ratschings- und Ridnauntal noch recht beschaulich zu. Das bekannteste Wander- und Wintersportparadies finden Urlauber oberhalb von Kastelruth und Sankt Ulrich auf der Seiser Alm, deren südlicher Teil bereits zum Naturpark Schlern-Rosengarten gehört.

TOUREN IN DER REGION

SILBERRAUSCH UND BURGENROMANTIK

ROUTE: Brenner › Gossensass › Sterzing › Brixen › Klausen › Kastelruth › Blumau

KARTE: Seite 51
DAUER/LÄNGE: 1 Tag; 80 km
PRAKTISCHER HINWEIS:
• Diese Route verläuft über die alte Brennerstraße (12), nicht über die Autobahn!

TOUR-START:

Die Tour beginnt am 1375 m hohen **Brenner** █ H1, der schon lange, bevor die Römer hier eine Militärstraße anlegten, als Alpenübergang benutzt wurde.

Erste Station südlich des Brenners ist das freundliche Städtchen **Gossensass** 6 › S. 63 im Eisacktal, das besonders durch den norwegischen Schriftsteller Henrik Ibsen bekannt wurde. Weiter geht es nach **Sterzing** 4 › S. 60, einst Handels- und Bergbaustadt, heute ein beliebter Touristenort. Entlang der wunderschönen Fußgängerzone unter dem Zwölferturm fügen sich die Häuser mit ihren Lauben und Erkern zu einem malerischen Ensemble zusammen. Weiter geht es zum

Schloss Reifenstein › S. 62, die bestens erhaltene mittelalterliche Burg. Bevor die Tour aus der Felsenge hinausführt, geht es zur düster-monumentalen **Franzensfeste** █ J3. Die 1833–38 von den Österreichern angelegte mächtige Festung diente dazu, den Brenner zu sichern. Für den Bau wurden Granitquader aus dem Pustertal hierher transportiert. Der Ort Franzensfeste (Fortezza) hat den Charme eines Zolllagers, weshalb man getrost in den Brixner Talkessel weiterfahren kann. Sehr angenehm gestaltet sich die Besichtigung der schmucken, ehemaligen Bischofsstadt **Brixen** 1 › S. 51 mit ihrem beeindruckenden Dom, den malerischen Lauben und dem nahe gelegenen **Kloster Neustift** 3 › S. 58. Einen Besuch wert ist auch das etwas südlich des malerischen Künstlerstädtchens **Klausen** 9 › S. 65 gelegene **Kloster Säben** 10 › S. 66. Auf landschaftlich reizvoller Fahrt geht es vorbei an der **Trostburg** 11 › S. 67 ins Schlerngebiet nach **Kastelruth** 12 › S. 68. Oberhalb des Ortes liegt die **Seiser Alm** 14 › S. 69. Europas größte Hochalm ist im Sommer ein Eldorado für Wanderer und Bergsteiger, im Winter für Skisportler und Snowboarder. Die abschließende Etappe führt am **Schloss Prösels** › S. 68 vorbei zum Endpunkt der Tagesstour in **Blumau** › S. 69. Von hier aus kann man die Reise entweder nach Bozen oder in die Dolomiten fortsetzen.

TOUR 2

BEZAUBERNDE TÄLER

ROUTE: Pfitscher Joch › Pfitscher Tal › Sterzing › Ridnauntal › Ratschingstal

KARTE: Seite 51
DAUER/LÄNGE: 1 Tag; ca. 80 km
PRAKTISCHE HINWEISE:
- Im Gebirge, gerade auf kleineren Straßen, sollte man mit einer niedrigen Durchschnittsgeschwindigkeit rechnen und genügend Pausen einplanen.

TOUR-START:

Das **Pfitscher Joch** (2251 m) › S. 63 inmitten der Zillertaler Alpen bildet den Übergang von Südtirol nach Österreich. Die Strecke ist besonders bei Mountainbikern beliebt, denn die Passstraße (SS 508) zum Pfitscher-Joch-Haus ist für Motorfahrzeuge ab der vierten Kehre gesperrt. Von den dortigen Parkplätzen an der Straße geht es auf einer herrlichen, 32 km langen Panoramafahrt hinab bis nach **Sterzing** 4 › S. 60. Hier lohnt sich ein kleiner Stadtbummel und eine Pause in einem der zahlreichen Gasthöfe. Weiter führt die Tour über den Eisack auf die andere Talseite. Nach wenigen Kilometern führt ein Abstecher nach Nordwesten ins **Ridnauntal**. Dieses endet in Maiern beim sehenswerten **Bergbaumuseum Ridnaun** › S. 64. Wer gut zu Fuß ist, läuft von hier aus etwa 45 Min. in die **Burkhardsklamm** mit ihren beeindruckenden Wasserfällen. Auf der Rückfahrt empfiehlt sich ein Zwischenstopp am **Schloss Wolfsthurn,** in dem sich das **Landesmuseum für Jagd und Fischerei** › S. 64 befindet. Südlich vom Ridnauntal verläuft das **Ratschingstals.** Beim Weiler Stange, erstreckt sich die einzige Marmorschlucht Europas, die von einem Bach ins Gestein gegrabene, enge **Gilfenklamm** › S. 63. Das Ratschingstal zieht sich weiter hinauf zum 2094 m hohen **Jaufenpass** › S. 63, an dessen Hängen sich ein kleines, aber feines Skigebiet befindet. Auf der anderen Seite geht es wieder hinunter ins Passeiertal.

UNTERWEGS IM EISACKTAL

BRIXEN 1 ⭐ 📖 J4

Nähert man sich Brixen (Bressanone) von Norden, so zeigt sich kurz der graue Dolomitfels der Geislerspitzen. Und einen herrlichen Aussichtsberg hat man direkt vor sich: die **Plose** (2504 m) › S. 57, im Winter ein beliebtes Skirevier. Das Gipfelpanorama ist großartig, doch ebenso bezaubernd ist der Blick von hier auf Brixen: Auf seinen fast quadratischen Siedlungskern mit dem doppeltürmigen Dom – ein Ensemble, das ein Jahrtausend Geschichte umfasst und diese Spanne auch unübersehbar in der Architektur repräsentiert.

Die Gegend um Brixen war schon in prähistorischer Zeit besiedelt. Funde bezeugen die Steinzeitsiedlung Stufels, ca. 7000 v. Chr. Aus dem Jahre 901 blieb die Schenkungsurkunde erhalten, in der der deutsche König Ludwig das Kind dem Bischof von Säben den Mairhof »Prichsna« übertrug. Um 990 wurde der Bischofssitz nach Brixen an die Brennerstraße verlegt. Um diese wichtige Nord-Süd-Achse ihres Reichs zu sichern, gründeten Heinrich II. und Konrad II. die Fürstbistümer Trient (1004) und Brixen (1027).

Zwei Persönlichkeiten prägten die Geschichte Brixens an der Wende vom Mittelalter zur Neuzeit: Der Kardinal und Humanist Nikolaus Cusanus (1401–1464) überwarf sich mit dem Landesherrn von Tirol, Sigmund dem Münzreichen, und genoss, wohl auch weil er das Tanzen auf Hochzeiten verbot, bei der Bevölkerung wenig Sympathien. Bauernführer Michael Gaismair (1490–1532) machte Brixen 1525 zum Zentrum des Bauernkriegs. Der Aufstand wurde jedoch vom Tiroler Landesfürsten blutig niedergeschlagen. Abgesehen von der bayrisch-französischen Besatzung 1806–13, gegen den sich der Tiroler Volksaufstand unter Andreas Hofer richtete, gehörte Brixen zusammen mit Tirol bis 1918 zu Österreich.

Heute zählt das Städtchen rund 13 000, die Stadtgemeinde, zu der mehrere Orte der Umgebung gehören, über 21 000 Einwohner.

DOM Ⓐ 📱 B1

Die Brixner Altstadt bildet im Wesentlichen ein Viereck am Eisackfluss, mit der Bischöflichen Hofburg in der Südwestecke und dem Domkomplex im Zentrum. Der Domplatz verdeutlicht die alten Machtverhältnisse: Die Häuser, die den bürgerlichen Wohlstand repräsentieren, werden vom Dom als geistliches Zentrum überragt.

Am Grundriss der 1745–1754 errichteten Barockkirche Mariä Himmelfahrt erkennt man noch den romanischen Vorgängerbau. Die klassizistische Vorhalle von Jakob Pirchstaller an der Doppelturmfassade erhielt der Dom um 1783.

Der mächtige einschiffige Innenraum verdankt seine Wirkung vor allem dem reichen Dekor. Da wurde nicht gespart. Der Marmor der Altäre stammt teilweise aus Afrika, Sizilien, Korfu und Genua. An der Ausstattung waren namhafte Künstler ihrer Zeit beteiligt, Theodoro Benedetti als Stuckateur und Altarbauer, Michelangelo Unterperger, der u. a. das Altarblatt des Hauptaltars malte, Dominikus Moling als Bildhauer, vor allem aber Paul Troger, den man aus Wien holte, »weilen sein Pemsl (Pinsel) in ganz Europa berühmt war«. Er schuf die riesigen **Deckenfresken** (1745–54). Allein die »Anbetung des Lammes« im Langhaus nimmt eine Fläche von 250 m² ein.

Ein kulturhistorisches Juwel ist der **Kreuzgang,** der um 1200 als Teil des alten Münsterkomplexes entstand und um 1370 eingewölbt wurde; die romanischen und früh-gotischen Fresken gingen dabei größtenteils verloren. Der heutige Bilderzyklus zeigt die Entwicklung der gotischen Malerei in Tirol vom Ende des 14. bis zum Anfang des

TOUREN IM EISACKTAL

TOUR ❶

SILBERRAUSCH UND BURGENROMANTIK

Brenner › Gossensass › Sterzing › Brixen › Klausen › Kastelruth › Blumau

TOUR ❷

BEZAUBERNDE TÄLER

Pfitscher Joch › Pfitscher Tal › Sterzing › Ridnauntal › Ratschingstal

Der Domplatz ist Dreh- und Angelpunkt des städtischen Lebens

16. Jhs. Die meisten Fresken stammen von Meister Leonhard von Brixen (um 1470), der einen eher volkstümlichen Stil pflegte und neuere Entwicklungen in der Malerei, etwa die Perspektive, ignorierte (Dom und Kreuzgang Nov.–März 6–12, 15–18, sonst 6–18 Uhr, Führungen Ostern bis 1. Nov. Mo–Sa jeweils 10.30 und 15 Uhr).

DOMPLATZ 📖 B1

Neben dem Dom, im Winkel zwischen der ehemaligen Bischofsresidenz (heute Gericht) und dem Kreuzgang, liegt die **Liebfrauenkirche,** ursprünglich Hauskapelle des Bischofs. Vom Südflügel des Kreuzgangs aus betritt man die **Johanneskirche:** Der originelle Bau vom Anfang des 13. Jh. mit seinem rechteckigen Schiff, über das sich ein hohes Zeltdach spannt, bewahrt hervorragende gotische Fresken, die zwischen 1250 und dem frühen 15. Jh. entstanden. (Die Kirche ist meist geschlossen; den Schlüssel bekommt man vom Mesner).

Nördlich des Doms gehört die eher bescheidene **Pfarrkirche** ❺ auch zum Ensemble des Domplatzes. Ihr hoher »Weißer Turm« ist ein Wahrzeichen der Stadt. Zwischen Pfarrkirche und Dom befand sich der alte Friedhof, heute eine Grünfläche mit einer bildstockartigen Totenleuchte (1483) und einem Gedenkstein, den der Minnesänger Oswald von Wolkenstein noch zu Lebzeiten (1408) für eine von ihm gestiftete Kapelle im alten Dom fertigen ließ und der ihn als Ritter in voller Rüstung zeigt.

Noch weiter zurück in die Geschichte weist die **Jahrtausendsäule** an der Südwestecke des Domplatzes, die an die Stadtgründung im Jahr 901 erinnert.

BISCHÖFLICHE HOFBURG 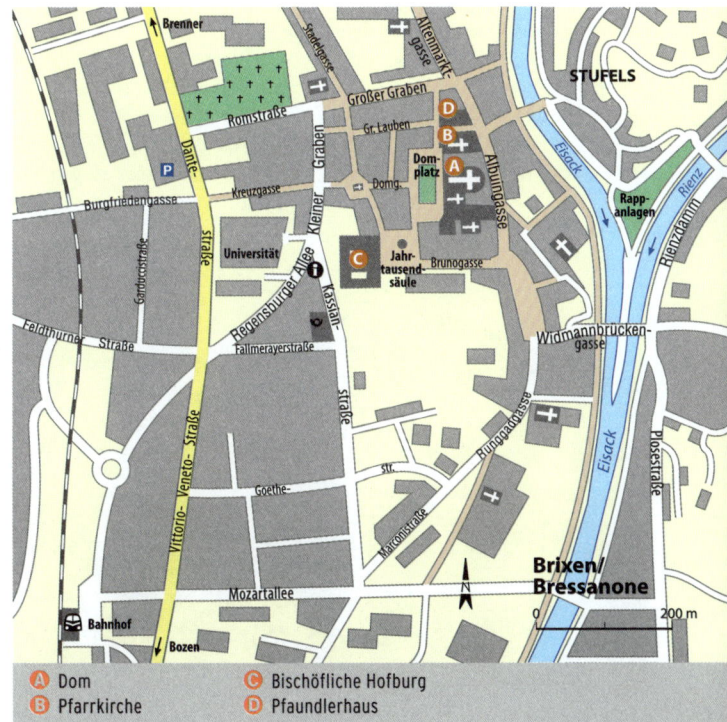 B1/2

Das mächtige Geviert hinter der Jahrtausendsäule war bis 1972 die Residenz des Bischofs von Brixen. Der Kernbestand samt Wassergraben geht auf das 13. Jh. zurück, die heutige Anlage zeigt einen Renaissancepalast (1591–1600), der Bogengalerien umschließt. In den Pfeilernischen des ersten Stocks repräsentieren die 24 Terrakottafiguren, zwischen 1594 und 1600 von Hans Reichle entworfen, Mitglieder des Hauses Habsburg.

Die Räumlichkeiten der Hofburg beherbergen heute drei bedeutende Sammlungen: das **Diözesanmuseum,** den **Domschatz** (romanische und gotische Sakralkunst) und die bedeutendste **Krippensammlung** Südtirols mit knapp 100 Exponaten. Das Diözesanmuseum spiegelt mit vorwiegend sakralen Exponaten den Wandel von der Vorromanik über die Gotik (u. a. Arbeiten von Hans Klocker, Meister Leonhard von Brixen, Michael Pacher), Renaissance und Barock (Paul Troger) bis in die Gegenwart (Mitte März bis Okt. Di–So 10–17 Uhr, Krippensammlung Ende Nov.–Anf. Jan. tgl. 10–17 Uhr, 24. und 25. Dez. geschl., www.hofburg.it).

A Dom
B Pfarrkirche
C Bischöfliche Hofburg
D Pfaundlerhaus

RUND UM DEN DOMBEZIRK

Der seit dem 11. Jh. ummauerte und heute nahezu autofreie historische Stadtkern erstreckt sich rund um den Dom. Die wettergeschützten Großen und Kleinen Lauben laden zum Flanieren ein; dabei gibt es immer wieder hübsche architektonische Details zu entdecken, wie den dreiköpfigen »Wilden Mann«, eine Holzplastik (16. Jh.) am Gasthaus Schwarzer Adler. Die Bürgerhäuser aus dem 16./17. Jh. besitzen vielfach polygonale Erker und Zinnen. Schönstes Beispiel ist das spätgotische **Pfaundlerhaus** ⓓ 📕 b1 (Gorethhaus) von 1581 mit prächtiger Renaissancefassade. Einen Besuch lohnt auch das **Pharmaziemuseum** in der alten Stadtapotheke (Adlerbrückengasse 4, Juli/Aug. Mo–Fr 14–18, Sa 11–16 Uhr, sonst nur Di, Mi, Sa, Tel. 04 72 20 91 12, www.pharmazie.it).

Geschichte schrieb das heute renommierte Hotel **Elephant.** Erzherzog Maximilian von Österreich besuchte das Haus 1551 und führte in seinem Gefolge auch einen Elefanten mit, ein Hochzeitsgeschenk König Johanns III. von Portugal.

INFO

Tourismusverein
• Regensburger Allee 9
  39042 Brixen
  Tel. 04 72 275 25 21
  www.brixen.org

VERKEHRSMITTEL

• **Fahrräder:** am Bahnhof Brixen, Mai–Okt. 9–12 und 13–18 Uhr, www.suedtirol-rad.com.
• **Parkmöglichkeiten:** Parkhaus an der Dantestraße, 5 Min. vom Domplatz entfernt; ferner zwischen Bahnhof- und Dantestraße.
• **Bahnverbindungen:** Innsbruck, München; Bruneck–Innichen.

Der Autoverkehr wurde aus Brixens mittelalterlichem Stadtkern verbannt

- **Busverbindungen:** mit allen Ortschaften der Umgebung.
- **Gondelbahn:** St. Andrä–Kreuztal; Sessellift Plose.

HOTELS

Elephant €€€

Erstklassiges, stilvolles Traditionshotel mit Restaurant, von dessen Rezepten einige ins Kochbuch »Die gute Tiroler Küche« aufgenommen wurden.

- Weißlahnstr. 4
  Brixen
  Tel. 04 72 83 27 50
  www.hotelelephant.com

Gasthof Haller €

3-Sterne-Haus mitten in den Weinbergen (Ortsteil Kranebitt) mit Blick auf Brixen; gutes Südtiroler Restaurant.

- Weinbergstr. 68
  Brixen
  Tel. 04 72 83 46 01
  www.gasthof-haller.com

RESTAURANTS

Finsterwirt €€

Vorzügliche traditionelle Südtiroler Küche in gediegenem Ambiente. Im Sommer wird auch auf der Terrasse im Innenhof serviert. Unbedingt reservieren! So abends und Mo geschl.

- Domgasse 3
  Brixen
  Tel. 04 72 83 53 43
  www.finsterwirt.com

Fink €€

In diesem alteingesessenen Familienbetrieb mit eigener Konditorei gibt es Südtiroler Spezialitäten, z. B. Eisacktaler Weinsuppe mit Zimtbrotwürfeln oder Schwarzplentene Torte (aus Buchweizen-

mehl und Nüssen, gefüllt mit Preiselbeermarmelade). Di abends und Mi geschl.

- Kleine Lauben 4
  Brixen
  Tel. 04 72 83 48 83
  www.restaurant-fink.it

NIGHTLIFE

Dekadenz/Anreiterkeller

Älteste Kleinkunstbühne Südtirols mit Kabarett, Theater und Jazzkonzerten.

- Obere Schutzengelgasse 3a
  Brixen
  Tel. 04 72 83 63 93
  www.dekadenz.it

In den engen Gassen des alten Stadtteils **Stufels** hat sich eine lebendige Kleinkunstszene etabliert.

AUSFLÜGE AB BRIXEN

AUF DEN BRIXNER HAUSBERG PLOSE ▮ J4

Die Plose ist Wanderrevier, Aussichtswarte und Wintersportgebiet in einem. Mehrere Straßen und Bergbahnen erschließen das Massiv mit den drei Gipfeln Plose (2486 m), Pfannspitze (2545 m) und Gabler (2576 m).

Die **Brixner Dolomitenstraße** führt aus dem Eisacktal über Afers zum Halsl (1866 m) und weiter über den Straßenpass des Würzjochs (2004 m) ins Gadertal (42 km). Bei Palmschoß (1697 m) zweigt die Zufahrt zum 2012 m hoch gelegenen Kreuztal ab. Hier endet auch die von St. Andrä (961 m) heraufkommende Gondelbahn. Ein Sessellift führt fast bis zum Gipfel der Plose (mehr Infos unter www.plose.org).

VILLNÖSSTAL ▮ J4/5

Beliebtes Wanderziel von Brixen aus ist das Villnöß: Die imposanten Nordabstürze der Geislerspitzen gehören zu den attraktivsten Fotomotiven der Region. Die Straße zweigt 8 km südlich von Brixen ab; sie führt über St. Peter taleinwärts bis zur Zanser Alm (1680 m; 16 km) am Eingang zum **Naturpark Puez-Geisler.**

Schönste Promenade vor dem Zackenprofil der Geislerspitzen ist der **Adolf-Munkel-Weg** (5 Std. Gehzeit ab Parkplatz Zanser Alm), an dem sich auch einer der beliebtesten Klettergärten befindet.

Eine andere Wanderung verläuft von **Teis** (962 m, Mineralienmuseum) über das Jochkreuz (1350 m) und **St. Valentin** in Pradell (Flügelaltar der Brixner Schule) auf den sonnseitigen Höhen nach St. Peter (2,5 Std.). Der Rückweg führt am Kirchlein **St. Jakob** am Joch (Flügelaltar von 1517) vorbei.

FELDTHURNS 2 ▮ H/J4

8 km südwestlich von Brixen thront Feldthurns (Velturno, 856 m) mit seinem Renaissancejuwel **Schloss Velthurns** (1578–1587) auf einer Hangterrasse über dem Eisack. Besonders sehenswert in dem ehemaligen Sommersitz der Brixner Fürstbischöfe ist das Fürstenzimmer mit reicher Vertäfelung, Kassettendecke und fantasievollen Intarsien. Gut 10 000 Arbeitsstunden wurden allein für die Holzarbeiten aufgewendet (Führungen 15. März–15. Nov. Di–So 10, 11, 14.30 und 15.30,

Juli/Aug. auch 16.30 Uhr, Tel. 04 72 85 55 25).

INFO

Infobüro Feldthurns
- Simon-Rieder-Platz 2| 39040 Feldthurns Tel. 04 72 85 52 90| www.klausen.it

NEUSTIFT 3 ⭐ 2 ▮ J3

Natürlich ist Südtirols größte Klosteranlage, das Augustinerchorherrenstift Neustift unterhalb der Brunecker Straße links des Eisack, auch über eine Straße zu erreichen, schöner aber ist der Weg zu Fuß (ca. 45 Min. von Brixen-Stufels).

Das 1142 gegründete Neustift blickt auf eine bewegte Vergangenheit zurück. Noch vor Ende des 12. Jhs. zerstörte ein Großbrand die erste Klosteranlage; während der Bauernkriege und nach der Säkularisation wurde sie geplündert. Heute erstrahlt der Komplex, dessen eher dekorative Ummauerung im 15. Jh. als Schutz vor der Bedrohung durch die Türken entstand, in barockem Glanz. Auch der Rundbau der **Michaelskapelle** erhielt damals Wehrturm, Zinnen und Schießscharten. Der Ziehbrunnen im Hof zeigt die Sieben Weltwunder und als achtes das Kloster selbst vor der Barockisierung im 18. Jh.

Die **Klosterkirche** von Neustift gilt als schönster Barockbau im Land. Sehr gut gelungen ist das Zusammenspiel von Freskenschmuck (Matthäus Günther) und Stuckaturen (Anton Gigl).

Eine wahre Schatzkammer ist die **Bibliothek.** In dem prachtvollen

Rokokoraum, entworfen von Giuseppe Sartori, werden kostbare alte Handschriften und Wiegendrucke gehütet.

Die **Gemäldesammlung** des Stifts umfasst gotische Tafelbilder, Altäre und Skulpturen u. a. von Friedrich Pacher, Mark Reichlich und dem Meister von Uttenheim.

Der **Kreuzgang** entstand um 1200 und wurde um 1370 mit schweren Kreuzrippengewölben ausgestattet. Ähnlich wie der Brixner Kreuzgang war er bereits vor der Einwölbung ausgemalt, erhielt aber im 15. Jh. eine neue Freskenausstattung, die wiederum im 17. Jh. weiß übertüncht wurde. Einige Wandmalereien, so etwa das »Gleichnis vom reichen Prasser« (Friedrich Pacher, um 1490), zeugen bereits vom Einfluss der Renaissance (Besichtigung nur mit Führung, Stift: Mo–Sa 11, 14, 15, 16, Gärten: Mitte Mai–Aug. Mo dt. 10.30 und ital. 11.30 Uhr, Stiftstr. 1, Tel. 04 72 83 61 89, www.kloster-neustift.it).

HOTEL

Brückenwirt €€
Komfortable Zimmer, mit beheiztem Swimmingpool und Restaurant.
• Stiftstr. 2 | 39040 Vahrn/Neustift
  Tel. 04 72 83 66 92
  www.hotel-brueckenwirt.com

RESTAURANT

Köfererhof €–€€
Typischer Südtiroler Gasthof und altes Weingut mit guten Weinen; Di geschl.
• Pustertaler Str. 3 | Vahrn/Neustift
  Mobil-Tel. 34 74 77 80 09
  www.koefererhof.it

SHOPPING

Klosterladen Neustift
Neben Weinen werden andere Produkte des Klosters verkauft (Mo–Sa 9.15–18 Uhr).
• Stiftstr. 1 | Vahrn/Neustift
  Tel. 04 72 83 61 89
  www.kloster-neustift.it

Die Stuckaturen in der Neustifter Klosterkirche schuf ein Meister der Wessobrunner Schule

STERZING 4 📖 G2

Die Geschichte von Sterzing (Vipiteno, 948 m, 6000 Einw.) war zu allen Zeiten eng mit dem Brennerweg verknüpft. Zur Römerzeit entstand hier die befestigte Wachstation Vipitenum, im Mittelalter war der Ort Ziel von Pilgern.

Im 15./16. Jh. erlebte Sterzing durch den ergiebigen Silberbergbau im Ridnauntal › S. 64 einen gewaltigen Aufschwung. Damals entstand nach einem Großbrand auch eine der schönsten Straßen Südtirols, die von den Sterzingern noch heute **Neustadt** genannt wird. Sie ist mit ihrem Architekturensemble das Musterbeispiel einer spätgotischen Tiroler Handelsstraße mit einer Fülle reizvoller Details: schattigen

Zwölferturm im Zentrum von Sterzing

Lauben, geschmückten Erkern, schmiedeeisernen Fenstergittern, Spitzbogenportalen und großzügigen Innenhöfen. Heute ist die Straße Fußgängerzone und beliebter Bummel-Boulevard der Sterzinger und ihrer Gäste.

Aus der selben Zeit stammt auch das **Rathaus** (1468–1473) mit seinem schmucken Erker. Im kleinen Innenhof sind ein Meilenstein und der bei Mauls entdeckte Mithrasstein aus dem 3. Jh. Zeugen römischer Vergangenheit.

Zum Bild der Neustadt gehören die Nepomukstatue (1739) vor dem Rathaus und der **Zwölferturm** (1468) als markanter Abschluss zur nördlichen Altstadt, in der früher vor allem Handwerker ansässig waren. Heute ist die Straße unter dem Zwölferturm eine malerische, quicklebendige Einkaufsstraße mit eleganten Geschäften.

Von der Neustadt ist es nicht weit zum Ansitz Jöchlsthurn (15. Jh.), dem ehemaligen Wohnturm der Bergbauunternehmerfamilie Jöchl mit einem auffallenden Staffelgiebel, der Kirche Peter und Paul und einem sehenswerten Garten.

VOR DEN TOREN DER STADT

Ein schönes Panorama gewährt der Hausberg von Sterzing. Vom **Roßkopf** (2189 m, mehrere Skilifte) reicht der Blick an klaren Tagen von den Stubaier Gletschern bis zu den Dolomiten.

Rund 1 km südlich von Sterzing steht auf freiem Feld die stattliche Pfarrkirche **Zu unserer Lieben**

Frau im Moos. Um den Bergknappen aus dem benachbarten Ridnaun den Weg zur Messe zu verkürzen, entstand die Kirche außerhalb des Ortskerns.

Die reichen Sterzinger wollten für ihre Pfarrkirche einen ganz besonderen Altar. Daher engagierte die Kirchengemeinde 1456 den schwäbischen Meister Hans Multscher (um 1400–1467), einen der bedeutendsten und modernsten Bildhauer seiner Zeit. In dessen Ulmer Werkstatt entstanden die wesentlichen Teile des spätgotischen Flügelaltars, der 1459 fertiggestellt und in der Kirche aufgestellt wurde. Das in Südtirol zu jener Zeit revolutionäre Kunstwerk musste im 18. Jh. bei einer Kirchenumgestaltung einem Barockaltar weichen, 1940 verschenkte Mussolini den Altar gar an Göring. Erst 1959 kam das Meisterwerk wieder nach Sterzing zurück.

Die acht ungewöhnlich detailreichen Altargemälde mit Szenen aus dem Marienleben und der Passion Christi sind nun im **Multscher- und Stadtmuseum** zu bewundern. Es residiert neben der Pfarrkirche im ehemaligen, an sich schon sehenswerten Deutschordenshaus. Das Grafenzimmer zieren schöne Deckenfresken, die Wände eine Ansicht des Sterzinger Talkessels (Deutschhausstr. 11, April–Okt. Di–Sa 10–13 und 13.30 bis 17 Uhr, Tel. 04 72 76 64 64).

INFO

Tourismusverein
- Stadtplatz 3 | 39049 Sterzing
  Tel. 04 72 76 53 25 | www.sterzing.com

VERKEHRSMITTEL
- **Busverbindungen:** nach Ratschings, Ridnaun, Pflerscher Tal, Jaufenpass, Meran.

RESTAURANTS

Kleine Flamme €€€
Sternekoch Burkhard Bacher kombiniert gekonnt Einflüsse von Südtirol bis Japan. Besonders hübsch sitzt man im Sommer draußen im Kräutergarten des stilvollen Restaurants.
- Neustadt 31
  Sterzing
  Tel. 04 72 76 60 65
  www.kleineflamme.com

Arbor €€
In der holzgetäfelten Stube werden saisonale Küche mit mediterranen Akzenten sowie gute Weine aus allen Südtiroler Anbaugebieten serviert.
- Geizkoflerstr. 15
  Sterzing
  Tel. 04 72 76 42 41
  www.arbor.bz.it

SHOPPING

Mair & Mair
Schönes Delikatessengeschäft mit hervorragender Auswahl.
- Altstadt 1
  Sterzing
  Tel. 04 72 76 53 86
  www.mair-mair.com

UNTERHALTUNG

Stadttheater Sterzing
Theater für Kinder, Konzerte und Filme.
- J.-W.-von-Goethe-Platz
  Sterzing
  Tel. 04 72 76 04 00
  www.stadttheater-sterzing.it

AUSFLÜGE AB STERZING

Fährt man von Sterzing aus in Richtung Brixen, bleibt der Blick über das Sterzinger Moos an dem romantischen **Schloss Reifenstein** haften, einer Ritterburg wie aus dem Bilderbuch – mit Zinnen und Zugbrücken, Gewölben und Landsknechtskammern. Ungefähr 2 km hinter Sterzing zweigt eine kleine Straße ab, die über die Autobahn

---

🗨 SILBERRAUSCH

Seit spätrömischer Zeit war Sterzing Durchgangsstation auf dem Weg in den Süden. Davon lebt das Städtchen im Wipptal bis heute nicht schlecht. Richtig reich geworden ist es aber durch den Bergbau. Seit dem 13. Jh. wurde, wie eine Urkunde aus dem Jahr 1237 bezeugt, am Schneeberg westlich von Sterzing Blei und vor allem Silber gefördert. Seinen Höhepunkt erreichte der Silberrausch im ausgehenden Mittelalter. Handel und Handwerk erlebten einen ungeahnten Aufschwung. Die Augsburger Fugger investierten – und verdienten natürlich ebenso kräftig wie der Bischof in Brixen und einige einheimische Familien. Im ausgehenden 16. Jh. versiegte der Bergsegen allmählich – endgültig aufgegeben wurde der Erzabbau im Ridnauntal aber erst im Jahre 1985.

---

und durch den Weiler Elzenbaum bis zum Fuß des Burghügels führt. Berühmt ist der »Grüne Saal« des Schlosses aus spätgotischer Zeit; seine kunstvolle Ausmalung mit grünem Rankenwerk täuscht ein Relief vor (nur mit Führung, April bis Okt. 10.30–11.30, 14–16 Uhr, Mobil-Tel. 33 92 64 37 52).

Jenseits des Eisacks thront die nicht zugängliche **Burg Sprechenstein** (13./16. Jh.). In ca. 20 Min. steigt man hinauf zu der Feste, von der sich ein weiter Blick über den Sterzinger Talkessel und seine Bergkulisse bietet.

Etwa 2 km nach Burg Sprechenstein steht links oberhalb der Staatsstraße in Richtung Bozen die spätgotische **Wallfahrtskirche Maria Trens** von 1498, die Joseph Adam Mölk im 18. Jh. mit einem Freskenprogramm zum Marienleben ausschmückte (ganztägig geöffnet).

Das **Schloss Welfenstein** vor dem nächsten Ort Mauls wurde im ausgehenden 19. Jh. auf den Resten einer zerstörten mittelalterlichen Anlage errichtet.

RESTAURANT

Gasthofstube Stafler €€–€€€
Hier lautet die Devise: »Mare e Monti« (Berge und Meer). Bodenständiger geht es in der Gaststube zu. Im zweiten Restaurant des Romantikhotels Stafler, in der Gourmetstube Einhorn zelebriert 2-Sterne-Koch Peter Girtler seine Kunst.
• Mauls Nr. 10
  39040 Freienfeld
  Tel. 04 72 77 11 36
  www.stafler.com

PFITSCHER TAL ⑤ ▮ J1–H2

Das Pfitscher Tal (Val di Vizze), das bei Sterzing von Nordosten her einmündet, ist nicht nur für Wanderer, sondern vor allem für Mineraliensammler von Interesse. Früher wurde hier nach Beryll, Rutil, Turmalin und Granat geschürft. Dem Umstand, dass der uralte Alpenübergang ins Zillertal nie ausgebaut wurde, verdankt das Pfitscher Tal seine relative Unberührtheit.

Die Talstraße endet oben am **Pfitscher Joch** (2251 m). Das **Pfitscher-Joch-Haus** (2276 m) ist allerdings nur für Bergwanderer und Radler erreichbar (Mitte Juni–Mitte Sept., www.pfitscherjochhaus.com). Die Pfitscherjochstraße (SS 508) ist für Motorfahrzeuge ab der vierten Kehre gesperrt (dort Parkplätze).

RESTAURANT

Pretzhof €

Südtiroler Küche und erlesene Weine in einem charmanten Bauernhof 8 km östl. von Sterzing. Mo, Di, Mi abends geschl.

• Tulfer 259 | 39040 Wiesen/Pfitsch
Tel. 04 72 76 44 55 | www.pretzhof.com

GOSSENSASS ⑥ ▮ G/H1

Im 19. Jh. bis zum Ausbruch des Ersten Weltkriegs war Gossensass (Colle Isarco, 1098 m) ein beliebter Luftkurort, den auch Henrik Ibsen schätzte. Daran erinnert die kleine **Ibsen-Ausstellung** mit Briefen und Fotos des norwegischen Schriftstellers im Gemeindesaal (Ibsenplatz, Mo–Fr 8–12.30 Uhr, Tel. 04 72 63 23 72).

Neben der barocken Pfarrkirche mit Deckenmalereien des Augsburgers Matthäus Günther bezaubert die zweigeschossige **St.-Barbara-Kapelle** (16. Jh.) mit einem spätgotischen Flügelaltar.

Von Gossensaas gelangt man ins wild romantische **Pflerschtal**, ein Wander- und Tourengebiet, das mit 93 km markierten Wegen vor allem für Mountainbiker ein großartiges Ziel ist. Die kinderleichte Wasserfallwanderung führt vom Talende an zum größten Wasserfall, **Pflerscher Hölle,** der 46 m in die Teife rauscht.

INFO

Tourismusverein

• Ibsenplatz 2 | 39041 Brenner
Tel. 04 72 63 23 72
www.gossensass.org

RATSCHINGS ⑦ ▮ G2

Zur Gemeinde Ratschings gehören Ratschings-, Jaufen- und Ridnauntal. Das Jaufental reicht bis hinauf zum **Jaufenpass** (2094 m). Das Gebiet gilt als schneesicher und lockt Skifahrer, Snowboarder, Langläufer, Schneeschuhwanderer und Rodler. Doch nicht nur bei Winterurlaubern ist reizvolle Landschaft beliebt. Im Sommer kommen die Wanderer und Mountainbiker hier voll auf ihre Kosten. 26 Almhütten bieten Einkehrmöglichkeiten, darunter die höchste Schutzhütte Südtirols, das Becherhaus auf 3195 m (Juli–Mitte Sept.).

Am Eingang des Ratschingstals schneidet sich die **Gilfenklamm** tief ein in den weißen Ratschingser Marmor. Der Ratschingser Bach springt hier wild über Kaskaden und Stromschnellen zu Tal, bevor er als Wasserfall 15 m tief in ein Felsloch stürzt. Ein gesicherter Steig führt vom Weiler **Stange** aus in die romantische Schlucht (ca. 45 Min. klammaufwärts, nur Mai–Okt. geöffnet).

Der **Klettergarten Stohlwond** im hinteren Ratschingstal bietet in teils senkrecht aufragenden Wänden mit Felsüberhängen um 1400 m 79 leichte bis mittelschwere Routen von Schwierigkeitsgrad 4–8b (Mo gesperrt).

INFO

Tourismusverein Ratschings
• Jaufenstr. 1 | 39040 Ratschings
  Tel. 04 72 76 06 08
  www.ratschings.org

RIDNAUNTAL 8 ◾ F/G2

Im 18 km langen Ridnauntal (www.ridnauntal.eu) wandelt man auf den Spuren der Sterzinger Bergbaugeschichte. Ein Lehrpfad führt über die Schneebergscharte zur stillgelegten Bergwerkssiedlung **St. Martin am Schneeberg** (2355 m), der einst höchstgelegenen Zeche Europas › S. 110. Hier waren im 15./16. Jh. über 1000 Knappen im Bergbau beschäftigt und sicherten den Reichtum der Sterzinger.

Das **Landesmuseum Bergbau Standort Ridnaun** am Ende des Ridnauntals bietet interessante Einblicke in die Arbeit der Übertageförderanlage und eine Dokumenta-

tion zu den heimischen Mineralien und zum Markscheidewesen, der Vermessung von Stollen (Maiern 48, Führungen April–Okt. Di–So 9.30, 11.15, 13.30 und 15.15 Uhr, Tel. 04 72 65 63 64, www.bergbau museum.it).

An den Bergbau erinnert außerdem die spätgotische Knappenkirche **St. Magdalena** (1491), die sich bei Ridnaun auf einer Anhöhe erhebt. Sie birgt einen Flügelaltar des Sterzingers Matthias Stöberl (1509); im Schrein ließen sich – zu Füßen der hl. Magdalena in einem geschnitzten Stollen arbeitend – die Bergknappen verewigen. Die Kirche ist wegen zahlreicher Kunstdiebstähle geschlossen und nur im Rahmen von Führungen zu besichtigen (Info im Bergbaumuseum).

Die Häuser des kleinen Weilers **Mareit** (1070 m) ducken sich an den Hügel unterhalb Schlossanlage **Wolfsthurn**, im 13. Jh. als Wehrburg erbaut und 1730–1740 im Barockstil prachtvoll erweitert. Das **Landesmuseum für Jagd und Fischerei** sowie eine Ausstellung zur Schlossgeschichte erlaubt eine Besichtigung der herrlichen Räume, darunter die original erhaltenen Prunksäle mit Möbeln, Gemälden und Tapeten (April–Mitte Nov. Di bis Sa 10–17, So, Fei 13–17 Uhr).

HOTEL

Hotel Gassenhof €€
Kinderfreundliches 4-Sterne-Haus mit breitem Sportangebot.
• Untere Gasse 13 | 39040 Ridnaun
  Tel. 04 72 65 62 09
  www.gassenhof.com

An den historischen Häusern von Klausen sind viele Malereien zu entdecken

KLAUSEN ⑨ ⬛ H4/5

Auf einem mächtigen Felsen über dem Künstlerstädtchen Klausen (Chiusa, 5000 Einw.) thront das **Kloster Säben** › S. 66. Albrecht Dürer war auf seiner Italienreise von dieser Ansicht so tief beeindruckt, dass er Ort und Kloster auf seinem Kupferstich »Das große Glück« verewigte.

Gegen Ende des 19. Jhs. sollen bis zu 250 Künstler sich zumindest zeitweise in Klausen aufgehalten haben. Ein Zusammenhang mit Walther von der Vogelweide, dessen Geburtsort Lajen-Ried in der Nähe liegt und dessen Verse sich seit der Romantik großer Beliebtheit erfreuten, wird vermutet.

Klausen mit seiner engen Hauptgasse, der spätgotischen Architektur, seinen zahlreichen Erkern und geschmiedeten Wirtshausschildern bietet abwechslungsreiche Fotomotive. Neben der Eisackbrücke steht die spätgotische **Pfarrkirche** (1480 bis 1494), die einige bedeutende gotische Skulpturen besitzt. Zu den schönsten Exemplaren zählen die »Muttergottes mit Kind« und die »Marienkrönung«, die »Kreuzabnahme« sowie in der Apsis das »Pfingstwunder«.

Im Süden von Klausen, jenseits des wilden Tinnebachs, liegt das 1972 aufgelöste Kapuzinerkloster (Kirche von 1701). In den alten Mauern hat das **Stadtmuseum** eine Bleibe gefunden. Zu besichtigen sind hier der berühmte Loreto-schatz und viele Werke der in der Vergangenheit hier lebenden Künstler (Ende März–Ende Okt. Di bis Sa 9.30–12, 15.30–18 Uhr).

INFO

Tourismusverein Klausen, Barbian, Feldthurns, Villanders

- Marktplatz 1 | 39043 Klausen
  Tel. 04 72 84 74 24
  www.klausen.it

HOTEL

Walter von der Vogelweide €

Traditionsreicher Gasthof mit Räumen aus dem 14. Jh. Gute Küche mit Pizza, Pasta- und Grillspezialitäten.

- Oberstadt 66 | Klausen
  Tel. 04 72 84 73 69
  www.vogelweide.it

RESTAURANTS

Ansitz Fonteklaus €€

In diesem Hotel mit Gasthof kann man nobel speisen – mit Aussicht. Do geschl.

- Lajen-Freins | Klausen
  Tel. 04 71 65 56 54 | www.fonteklaus.it

Röckhof €€

Im Buschenschank der Familie Augschöll (1 km oberhalb Klausen) gibt es Eisacktaler Müller-Thurgau, Mohnkrapfen und Kartoffelblattln (Teig aus geriebenen Kartoffeln, Mehl und Quark, in Fett ausgebacken) mit Kraut. Ende Sept.–Mitte Dez.

- St. Valentin 22 | 39040 Villanders
  Tel. 04 72 84 71 30 | www.roeck.bz

Hienghof €

Von dem beliebten Buschenschank in einem Bauernhof aus dem 18. Jh. genießt man einen tollen Ausblick auf Klausen.

Ende Sept.–Mitte Dez. und Ende Jan. bis Ende April Sa, So.

- Leitach 60 | Klausen
  Tel. 04 72 84 73 54

FREIZEIT

Schwimmbad Klausen

Das Freibad bietet im Sommer nicht nur Erfrischung und Spaß mit buntem Rahmenprogramm – von Beachvolleyball bis zu Unterhaltungsabenden (Juni–Sept. tgl. 10–20 Uhr).

- Leitach 39 | Klausen
  Mobil-Tel. 34 62 52 34 49
  http://schwimmbad-klausen.com

KLOSTER SÄBEN 10 H4

Steil ist der halbstündige Aufstieg von Klausen zum Kloster Säben, vorbei an der Burg Branzoll (Privatbesitz). Der Säberner Berg zählt zu den ältesten Tiroler Wallfahrtsorten. Auf dem ausgesetzten Dioritfelsen befand sich bereits eine prähistorische Kultstätte, wie Funde aus der Jungsteinzeit (ca. 4000 v. Chr.) und der Bronzezeit belegen.

In den Akten des Konzils zu Grado (572–577) ist Säben bereits als Bischofssitz verzeichnet und blieb es bis ins ausgehende 10. Jh. Nach dem Umzug Bischof Albuins nach Brixen wurde das Kloster zur Festung ausgebaut. 1535 legte ein Blitzschlag Teile des Gebäudes in Schutt und Asche. Im ausgehenden 17. Jh. entstand aus der verfallenden Anlage das noch bestehende Benediktinerinnenkloster, in dem die Nonnen in strenger Klausur leben. Sie kümmern sich aber auch um die vielen Pilger.

Über Klausen thront der ehemalige Bischofssitz Kloster Säben

Aus der Zeit des Säbener Bistums stammen die Fundamente (um 600) der außen schlichten **Heilig-Kreuz-Kirche** (15./17. Jh.). Innen verblüfft der Barockbau mit einer virtuosen Scheinarchitektur (1679).

Den achteckigen Zentralbau der **Liebfrauenkirche** (1652–1658), errichtet nach einem Pestgelübde der Klausener Bürger, schmücken Stuckaturen von Franco Carlone und verschiedene Seitenkapellen, wie die Marienkapelle mit einem Taufbecken aus dem 4. Jh. (Juli–Sept. Di/Mi, Fr/Sa 14–17, Okt. Di, Fr/Sa 14–17 Uhr, Tel. 04 72 84 74 24).

TROSTBURG 11 ▮ H5

Die Trostburg oberhalb der kleinen Ortsschaft Waidbruck (Ponte Gardena, 471 m) beeindruckt als eine der schönsten Burgen Südtirols.

Hoch über dem Eisackufer bewacht sie den Eingang ins Grödner Tal. In ihrem Kern geht sie auf das 12. Jh. zurück, wurde im 13. Jh. ausgebaut und kam 1382 an Friedrich von Wolkenstein. Die gotische Stube mit dreifach tonnengewölbter Zirbelholzdecke (um 1400) ist in Südtirol einmalig. Engelhard Dietrich von Wolkenstein (1565 bis 1647) ließ die Burgkapelle und Stuckaturen mit Wappenreliefs im Ahnensaal schaffen. Beeindruckend ist auch der Renaissancesaal mit Skulpturen der Wolkensteiner und Kassettendecke.

Das **Südtiroler Burgenmuseum** dokumentiert auf der Trostburg die Geschichte wichtiger Südtiroler Burgen, u. a. mittels Modellen (nur mit Führung April bis Okt. tgl. 11, 14, 15, Juli/Aug. zusätzl. 10 und 16 Uhr, Tel. 04 71 65 44 01, www.burgeninstitut.com).

KASTELRUTH 12 📖 H5

Am Fuße des imposanten Schlern liegt Kastelruth (Castelrotto), auch bekannt geworden durch die erfolgreiche Volksmusikgruppe der Kastelruther Spatzen. Der Ort gefällt mit dem historischen Kern und ist über die Landesgrenzen hinaus für seine zahlreichen Veranstaltungen bekannt.

Größtes Event ist der alljährlich im Juni stattfindende Oswald-von-Wolkenstein-Ritt, ein prächtig inszeniertes Reiterturnier. Kaum we-niger Schaulustige zieht im Januar die Bauernhochzeit mit einem Umzug in historischen Gewändern an. Aus nah und fern kommen Besucher nach Kastelruth, um die farbenprächtige Fronleichnamsprozession zu erleben (jeweils am So nach Fronleichnam).

AM SCHLERN 📖 H6

Wie in Kastelruth hat auch in Seis (Siusi) und Völs am Schlern (Fiè allo Sciliar) der Tourismus eine lange Tradition. In **Völs** 13 📖 H6 sorgen Kurbäder im dampfenden Heu › S. 69 für neue Kräfte, Kunstfreunde begeistert in der spätgotischen Pfarrkirche (16. Jh.) ein kostbarer Flügelaltar von 1488.

Wanderern bietet die Gegend ein weites Netz markierter Wege, das die Ortschaften und Höfe am Fuß des Schlern (2564 m) miteinander verbindet. Besonders die hoch über den Orten gelegene **Seiser Alm** › S. 69 ist ein wahres Wander-, Mountainbike- und Wintersportparadies. › mehr S. 13 Punkt 9

Beliebte Ausflugsziele sind auch die **Burgruine Hauenstein**, Alterswohnsitz Oswald von Wolkensteins, der idyllisch gelegene **Völser Weiher** (1056 m) und **Schloss Prösels** (857 m), eine für die maximilianische Zeit typische weitläufige Zwingeranlage, zwischen 1490 und 1520 errichtet (Führungen Mai/Okt. tgl. außer Sa 11, 14, 15, Juni–Sept. auch 16, Juli/Aug. 10, 11, 13, 14, 15, 16 Uhr; im April nur Ostern geöffnet, sonst Do 15 Uhr, Tel. 04 71 60 10 62, www.schloss-proesels.it).

Mit der Seilbahn zur Seiser Alm

SEISER ALM 14 ⭐3 📖 J6

Die Seiser Alm (Alpe di Siusi) ist mit fast 60 km² eines der großen Landschaftswunder der Dolomiten und bildet mit dem **Naturpark Schlern** eine landschaftliche Einheit. Im Frühsommer entfaltet die Natur ihren ganzen Blütenzauber, und Wanderer finden im Gebiet ein gut markiertes Wegenetz vor. Von Kastelruth › S. 68 aus ist die Hochalm über eine Straße, von St. Ulrich per Seilbahn und von Seis sowohl über eine Straße als auch mit einer Gondelbahn zu erreichen.

INFO

**Tourismusverband
Seiser Alm/ Schlerngebiet**
• Dorfstr. 15
39050 Völs am Schlern
Tel. 04 71 70 96 00
www.seiseralm.it

HOTELS

Goldenes Rössl €€
Traditionsreiches Haus mit individuell eingerichteten Zimmern im bäuerlichen Stil; Wellnessbereich im ehemaligen Weinkeller; vorzügliche Küche.
• Krausplatz
39040 Kastelruth
Tel. 04 71 70 63 37
www.cavallino.it

Heubad €€
Das Hotel kombiniert geschmackvoll Tradition und Moderne; bei einem Bad im warmen Heu findet der Gast Entspannung. Im Restaurant wird regionale und italienische Küche serviert.
• Schlernstr. 13 | Völs am Schlern
Tel. 04 71 72 50 20
www.hotelheubad.com

Tschötscherhof €
Gemütlich-rustikale Zimmer in einem 500 Jahre alten Bauernhof, zu dem außerdem ein Bauernmuseum und eine eigene Hütte auf der Seiser Alm gehören. Original Südtiroler Küche. › mehr S. 12 Punkt ❸
• St. Oswald 19 | 39040 Seis am Schlern
Tel. 04 71 70 60 13
www.tschoetscherhof.com

TIERSER TAL 📖 H6

Bei **Blumau** (Prato allo Isarco, 315 m) mündet von Osten her das Tierser Tal in die Eisackschlucht. Das Tal weitet sich bei **Tiers** 15 (Tires, 1028 m), einem ursprünglichen Bergsteigerdorf, zu einem Kessel, dessen Kulisse die Zacken des Rosengartens bilden (Vajolettürme, 2813 m).

Südlich über dem Taleingang liegt **Steinegg** (823 m, 6 km ab Blumau). Dort führt das Heimatmuseum durchs bäuerliche Leben früherer Tage. Auch hier findet sich ein Naturphänomen: die Erdpyramiden, in Größe und Zahl allerdings nicht vergleichbar mit jenen am Ritten › S. 139.

Auf dem Untereggerhof bei Steinegg befindet sich Südtirols einzige **Sternwarte** (Führungen jeden Do, www.sternwarte.it).

INFO

Tourismusverein Steinegg
• Kirchweg 5 | 39053 Steinegg
Tel. 04 71 61 95 60
www.steinegg.com

PUSTERTAL

Burg Heinfels im östlichen Pustertal

Das lange, sanft geschwungene Pustertal erstreckt sich zwischen Alpenhauptkamm und Dolomiten fast 100 km von der Mühlbacher Klause über die Wasserscheide am Toblacher Feld bis nach Lienz im österreichischen Osttirol.

Das grüne Tal liegt eingebettet zwischen den Schiefer- und Granitbergen im Norden und den Ausläufern der Dolomiten im Süden. In den unteren Lagen gedeihen herrliche Bergwälder, weiter oben breiten sich an den sonnigen Hängen satte Almwiesen aus. Im Winter tummeln sich im schneesicheren Gelände die Langläufer, im Sommer laden die Gipfel und malerischen Seitentäler zum Wandern und Mountainbiken ein.

Einige Kilometer hinter Innichen verläuft die Grenze zum österreichischen Osttirol. Der Abschnitt um Toblach, Innichen und Sexten wird als Hochpustertal bezeichnet.

Das lebhafte Städtchen Bruneck unterhalb der gleichnamigen ehemaligen Bischofsburg lohnt wegen seines mittelalterlichen Stadtkerns allemal einen Spaziergang. Über dem Kronplatz, dem Hausberg Brunecks, schweben bei guter Thermik die Paraglider.

Auch eine Erkundung der landschaftlich reizvollen Seitentäler wie des Tauferer Ahrntals, des Pragser oder des Gsieser Tals lohnt sich.

TOUREN IN DER REGION

TOUR 3

DURCH DAS GRÜNE TAL

> **ROUTE:** Mühlbach › Bruneck › Toblach › Innichen › Sexten
>
> **KARTE:** Seite 72
> **DAUER/LÄNGE:** 1 Tag; 78 km
> **PRAKTISCHE HINWEISE:**
> • Von Mühlbach bis Innichen verkehrt die Pustertal Bahn im Stundentakt.

TOUR-START:

Bei **Mühlbach**  › S. 75 geht es hinein in das grüne Tal, und grün sind auch die Loden, die Liebhaber dieser speziellen Mode schon nach wenigen Kilometern in der »Lodenwelt« bei Vintl erwerben können.

Es folgt eine landschaftlich herrliche Fahrt auf der **Pustertaler Sonnenstraße** › S. 76, eine Nebenstrecke führt zum schmucken **Bruneck 1** › S. 73 mit seiner lebendigen Altstadt. Den Weg säumen zahlreiche Burgen wie etwa **Burg Schöneck** oder die **Ehrenburg.** Der **Kronplatz** (2275 m) › S. 74 oberhalb von Bruneck ist ein beliebtes Ziel für Freizeitsportler, die Fahrt mit der Gondelbahn auf den kahlen Gipfel wird mit einer wunderbaren Aussicht belohnt.

Bei Dietenheim › S. 74 lohnt das **Landesmuseums für Volkskunde**, ein Freilichtmuseum einen Besuch. Über die Tradition des Tourismus in der Region informiert das Fremdenverkehrsmuseum in **Niederdorf** 11 › S. 78. Dort findet im Juli das Mountainbikerennen Dolomiti Superbike statt – das Pustertal ist auch bei Bikern sehr beliebt.

Ob mit Auto oder Bike, bis nach **Toblach** 12 › S. 79 ist es nicht weit. Das Naturparkhaus Drei Zinnen im ehemaligen Grand Hotel präsentiert die nahe Bergwelt. Kultur statt Natur gibt es dagegen in **Innichen** 13 › S. 79: Die **Stiftskirche** ist das bedeutendste romanische Bauwerk in Südtirol. Ganz im Zeichen der Berge steht **Sexten** 14 › S. 80, der Zielort dieser Tour. Am Rande des **Nationalparks Sextener Dolomiten** ragen die imposanten Drei Zinnen empor.

TOUREN IM PUSTERTAL

TOUR 3

DURCH DAS GRÜNE TAL

Mühlbach › Bruneck › Toblach › Innichen › Sexten

TOUR 4

VOM ANTHOLZER INS TAUFERER AHRNTAL

Staller Sattel › Antholzer Tal › Bruneck › Sand in Taufers › Kasern

TOUR 4

VOM ANTHOLZER INS TAUFERER AHRNTAL

ROUTE: Staller Sattel › Antholzer Tal › Bruneck › Sand in Taufers › Kasern

KARTE: Seite 72
DAUER/LÄNGE: 1 Tag; 75 km
PRAKTISCHER HINWEIS:
• Die vom Antholzer Tal zum Staller Sattel hinaufführende Passstraße ist von Oktober bis Mai gesperrt – sie dient im Winter als tolle Rodelstrecke.

TOUR-START:

Diese Tour durch zwei landschaftlich besonders reizvolle Gebirgstäler beginnt hochalpin am über 2000 m hohen **Staller Sattel** › S. 78, an der Grenze zu Österreich. Vorbei am **Antholzer See** › S. 77 geht es mitten hinein ins **Antholzer Tal** [10] › S. 77, im Winter eines der bekanntesten Langlauf- und Biathlonzentren der Alpen. Nacheinander durchfährt man die drei Ortsteile von Antholz, bevor man über Rasen schließlich das Pustertal erreicht.

Bruneck [1] › S. 73, ungefähr auf halber Strecke der Tour, bietet sich für einen Bummel und eine gemütliche Einkehr an – dafür sollte man zwei bis drei Stunden einplanen.

Beim Hauptort des Pustertals zweigt das **Tauferer Ahrntal** › S. 77 nach Norden ab. Bis **Sand in Taufers** [8] › S. 77 mit der imposanten Burg Taufers verläuft das Ahrntal, das im weiteren Verlauf Tauferer Tal genannt wird. Auf der Fahrt über Steinhaus nach Prettau bis zum Talschluss in **Kasern** › S. 77 wird die Landschaft immer alpiner. Zum Abschluss bildet das Landesbergbaumuseum mit dem **Schaubergwerk Prettau** [9] › S. 77 einen Höhepunkt dieser Tour.

UNTERWEGS IM PUSTERTAL

BRUNECK [1] ▮ L3

Der Hauptort des Pustertals (Brunico, 835 m, 16 500 Einw.) am Flüsschen Rienz wurde 1251 vom Brixner Bischof gegründet. Die ehemalige Bischofsburg **Schloss Bruneck** (13. Jh.) thront noch heute auf einem Hügel über dem Städtchen mit seinem schmucken mittelalterlichen Zentrum. Von der alten Stadtmauer sind nur noch die vier Tore und der ehemalige Wehrturm erhalten.

Schloss Bruneck beherbergt das **MMM Ripa** – tibetisch: ri–Berg, pa–Mensch –, das Messner-Moutain-Museum, das sich Bergbewohnern und -völkern in aller Welt widmet (2. So im Mai–1. Nov. Mi–Mo 10 bis 18, 13. Dez.–25. April Mi–Mo 12 bis 18 Uhr, www.messner-mountain-museum.it).

Wer heute durch die **Stadtgasse,** die Via Centrale, der umtriebigen Stadt spaziert, kann sich angesichts der Häuser mit Portalen, Erkern und Zinnengiebeln vorstellen, wie es hier im 15. Jh. zu Zeiten des Malers und Bildhauers Michael Pacher, der in Haus Nr. 29 wohnte, ausgesehen hat. Das **Ragenhaus** (Paul-von-Sternbach-Str. 3) und das **Apothekerhaus** (Stadtgasse 45) mit seinem freskenverzierten Tonnengewölbe gehören zu den ältesten Häusern der Stadt. Die Stadtgasse ist als Fußgängerzone eine beliebte Shoppingmeile.

Ein Holzkruzifix der Pacher-Schule birgt die neoromanische **Pfarrkirche** (1850) im Ortsteil Oberragen.

Der Schwerpunkt des **Stadtmuseums** liegt auf der graphischen Kunst des 20. Jhs. (Bruder-Will-ram-Str. 1, Di–Fr 15–18, Sa/So 10 bis 12, Mitte Juli–Aug. Di–Sa 10–12, 15–18 Uhr, Tel. 04 74 55 32 92, www.stadtmuseum-bruneck.it).

Außer den Aufführungen des Stadttheaters gibt es die jedes Jahr die Brunecker Sommerkonzerte und das Sommerkino im Jugend- und Kulturzentrum UFO sowie Anfang September ein Straßentheaterfestival veranstaltet,

KRONPLATZ

Hausberg Brunecks ist der 2275 m hohe Kronplatz (www.kronplatz.com), im Winter ein sehr gut ausgebautes Skigebiet, dessen Pisten die Wintersportler mit Seilbahnen von **Olang**, St. Vigil und Reischach aus erreichen können. Im Sommer sind es vor allem Wanderer, Paraglider und Mountainbiker, die den kahlen Berg bevölkern. Auf dem Gipfel lockt eine weitere Dependance von Reinhold Messners Bergmuseum. Die britische Stararchitektin Zaha Hadid entwarf das **MMM Corones,** in dem es um die Geschichte des Alpinismus geht (1. Sa im Juni–2. So im Okt., Ende Nov. bis Mitte April tgl. 10–16 Uhr, www.messner-mountain-museum.it).

DIETENHEIM 🏳 L3

Einen Blick ins bäuerliche Leben vergangener Jahrhunderte bietet das **Landesmuseum für Volkskunde** in Dietenheim, 9 km nordöstlich von Bruneck. Auf dem Gelände des Edelsitzes Mair am Hof stehen aber nicht nur originalgetreu wiederaufgebaute historische Gebäude aus verschiedenen Landesteilen. Hier wird auch altes Handwerk lebendig: Eine Mühle klappert, die martialischen Gerätschaften eines Bauerndoktors machen den Segen moderner Medizin wieder bewusst. In der Museumsstube wird deftige Südtiroler Küche serviert (Ostermontag bis Okt. Di–Sa 10–17, So, Fei 14–18, Aug. zusätzlich Mo 10–17 Uhr, Tel. 04 74 55 20 87, www.volkskunde museum.it).

INFO

Tourismusverein Bruneck
• Rathausplatz 7 | 39031 Bruneck
  Tel. 04 74 55 57 22 | www.kronplatz.com

Tourismusverein Olang
• Florianiplatz 19 | 39030 Olang
  Tel. 04 74 49 62 77 | www.kronplatz.com

VERKEHRSMITTEL

- **Bahnverbindungen:** Brixen, Innichen. Die Pustertalbahn verkehrt im Halbstunden- bzw. Stundentakt zwischen Franzensfeste und Innichen.

HOTELS

Royal Hinterhuber €€€
Elegantes 4-Sterne-Parkhotel in Alleinlage mit Dolomitenblick und großem Sportangebot.
- Pfaffental Ried 1A | 39031 Bruneck
  Tel. 04 74 54 10 00
  www.royal-hinterhuber.com

Tanzer €€
Hübsch gelegen, 5 km westl. von Bruneck, mit individuell gestalteten Zimmern; im Restaurant originell variierte Regionalküche und beste Weine.
- Dorfstr. 1 | 39030 Issing/Pfalzen
  Tel. 04 74 56 53 66 | www.tanzer.it

RESTAURANT

Oberraut €€
In dem kleinen Gasthof über dem Brunecker Talkessel wird typische Südtiroler Küche aufgetischt. Do geschl.
- Amaten 1 | Bruneck
  Tel. 04 74 55 99 77 | www.oberraut.it

MÜHLBACH 2 J3

Gleich am Eingang zum Pustertal liegt Mühlbach (Rio di Pusteria, 777 m), im Mittelalter ein wichtiger Umschlagplatz am Handelsweg nach Venedig über die Strada d'Alemagna.

Südlich des kleinen Ortes lohnt die **Burg Rodeneck** (4 km) auf dem Sonnenberg einen Besuch. Sie birgt den ältesten, zumindest fragmentarisch erhaltenen profanen Fresken-

zyklus im deutschsprachigen Raum: die um 1220 datierte Illustration des Epos um den Ritter Iwein und seine Liebe zu Laudine (nur mit Führung Juli/Aug. tgl. 11.30, 14.30, 15.30, Juni, Sept.–Mitte Okt. So–Fr 11.30 und 13.40 Uhr, Tel. 04 72 45 40 56).

GRATIS ENTDECKEN

- **Urlaubsplanung leicht gemacht:** Die kostenlosen Apps des Südtiroler Fremdenverkehrsamts, wie »Südtirol Guide«, »Trekking Guide« oder »Architektur Guide« sind eine große Hilfe bei der Reiseplanung. Links zu Downloads unter www.suedtirol.info
- **Erleben, wie Genuss entsteht:** Die interaktive Erlebniswelt Capriz J3 in Vintl (Pustertal) gibt Einblicke in die Welt der Käsemanufaktur (tgl. 9–19 Uhr, www.capriz.bz).
- **Gratis surfen:** WiFree nennt sich das Projekt, das in über 20 Ortszentren Südtirols kostenlosen Internetzugang auf Smartphones und Tablets ermöglicht. Einmal registriert, kann man es in allen Orten nutzen (www.wifree.bz.it).
- **Das etwas andere Naturkino:** Das Knottnkino F5 (»Knottn« bedeutet im Südtiroler Dialekt »Fels«) oberhalb von Vöran besteht aus 30 Kinosesseln aus Stahl und Kastanienholz des Bozner Künstlers Franz Messner. Man nimmt Platz und genießt die einmalige Aussicht über das Etschtal und das Meraner Becken wie im Kino.

Für Wanderer und Naturliebhaber lohnt sich von Mühlbach eine Fahrt ins **Valser Tal** (Val di Válles) mit dem einzigartigen historischen **Almdorf Fane** am oberen Talende (1739 m) oder zum Ferienort **Meransen** (1414 m, Zufahrt 8 km und Seilbahn von Mühlbach).

PUSTERTALER SONNENSTRASSE

Bei **Vintl** **3** ▮ J3 (Ortsteil Niedervintl) zweigt das stille Pfunderer Tal vom Pustertal nach Norden ab. In Vintl beginnt auch die sogenannte Pustertaler Sonnenstraße, eine Alternative zur Hauptstraße am Talboden. Sie führt 24 km lang auf einem Hochplateau durch die Dörfer auf der Sonnenseite des Pustertals und vorbei an den Erdpyramiden bei Terenten, den alten Mühlen beim Weiler Ast und der Kirche St. Martin bei Hofern mit einem kostbaren Flügelaltar (1520).

Noch an der Hauptstraße liegt die **Lodenwelt** mit einem Museum, das die Herstellung des Lodens zeigt – von der Schafwolle bis zum fertigen Stoff. Außerdem gibt es eine Manufaktur, einen Fabrikverkauf und das Restaurant »Lodenwirt« (Juli/Aug. Mo–Fr 9–17, sonst Mo bis Sa 9–18 Uhr, Tel. 04 72 86 85 40, www.oberrauch-zitt.com).

Eine etwa zweistündige Wanderung auf dem **Mühlen-Lehrpfad** führt im Sonnendorf **Terenten** **4** ▮ K2/3 an fünf über 200 Jahre alten Radmühlen vorbei, die im Sommer noch in Betrieb sind.

Bei Mühlen kommt die **Burg Schöneck** (12. Jh.) ins Blickfeld, Geburtsort des Minnesängers Oswald von Wolkenstein. In **Pfalzen** (Falzes, 1022 m) beeindruckt die Valentinskirche. Die Sonnenstraße endet eingangs des Tauferer Tals bei Bruneck.

ST. SIGMUND **5** ▮ K3 UND EHRENBURG **6** ▮ K3

In St. Sigmund (San Sigismondo, 782 m) ist das riesige Christophorusfresko an der südlichen Außenseite der spätgotischen Pfarrkirche (15. Jh.) sehenswert. Der kostbare Flügelaltar (um 1430) im Inneren ist der älteste Südtirols, der an seinem ursprünglichen Ort verblieb.

Nur wenige Kilometer entfernt wird das Dorf **Ehrenburg** (806 m) von einem mächtigen Barockschloss überragt. Ein römischer Meilenstein (heute eine Kopie) am Fuß des **Sonnenburger Hügels** an der Straße bezeugt, dass das Pustertal eine historische Durchgangsroute ist.

ST. LORENZEN **7** ▮ K/L3

In der hübschen Gemeinde St. Lorenzen (San Lorenzo di Sebato, 810 m) am linken Ufer der Rienz findet man in der doppeltürmigen Pfarrkirche ein hervorragendes Frühwerk von Michael Pacher: Als einzige verbliebene Figur eines Flügelaltars schmückt die **Traubenmadonna** (um 1460) das rechte Seitenschiff. Im Dorfzentrum steht ein Brunnen mit dem hl. Laurentius.

Die **Sonnenburg** (11. Jh.) bei St. Lorenzen war einst das älteste Frauenkloster Südtirols. Heute beherbergt die beeindruckende Burganlage ein 4-Sterne-Hotel und kann in Teilen besichtigt werden.

HOTEL

Schloss Sonnenburg €€
Eines der schönsten Schlosshotels in Südtirol mit einem überzeugenden Wellnessangebot.

• Sonnenburg 38 | 39030 St. Lorenzen
  Tel. 04 74 47 99 99
  www.sonnenburg.com

TAUFERER AHRNTAL

Bei Bruneck öffnet sich von Norden der mächtige Graben des Tauferer Ahrntals, das hinter Luttach scharf abknickt und, nun Ahrntal genannt, entlang dem Zillertaler Hauptkamm ansteigt. Hauptort ist **Sand in Taufers** 8 ▮ L2 (Campo Tures, 866 m). Schon von weitem fällt der Blick auf die imposante **Burg Taufers.** Sie wurde um 1250 in strategisch günstiger Lage als Stammsitz der Edlen von Taufers gegründet, die bereits 1340 ausstarben. Noch heute weht ein Hauch von Burgenromantik durch die kostbar ausgestatteten Räume (nur mit Führung Juli/Aug. tgl. 10–16.30, Juni, Sept./Okt. tgl. 10, 11, 14, 15.15, 16.30, Nov.–Mai tgl. 10, 15 Uhr, Tel. 04 74 67 80 53, www.burgeninstitut.com).

Schöne Ziele von Sand aus sind der **Speikboden** (2523 m, Sessellift) oder das landschaftlich schöne **Reintal,** ein Wanderrevier vor der Rieserfernergruppe.

Hinter Sand rücken die Berghänge näher zusammen, das Tauferer Tal geht über ins alpine **Ahrntal,** das Land der Bergbauern. Bis zu den Hochalmen oberhalb der Waldgrenze trotzen sie der Natur ihren Lebensunterhalt ab.

Am Talschluss, um **Prettau** 9 ▮ M1 (1475 m) und **Kasern** (1595 m), wurde früher Kupfer abgebaut. Das **Landesmuseum Bergbau Prettau** veranschaulicht die Arbeit bei der Fahrt mit der Grubenbahn durch den Schaustollen (April–Okt. Di–So 8.30–17 Uhr, Aug auch Mo, Tel. 04 74 65 42 98, www.bergbaumuseum.it, Reservierung erfoderlich!).

HOTEL

Berghotel Kasern €€
Familiäres und kinderfreundliches Traditionshotel; Restaurant mit Spezialitätenwochen. Gäste erhalten ermäßigten Eintritt in den Heilklimastollen von Prettau.

• Kasern 10 | 39030 Kasern/Prettau
  Tel. 04 74 65 41 85
  www.kasern.com

ANTHOLZER TAL 10 ▮ M2–L3

Von Norden mündet das Antholzer Tal mit den Orten Antholz Niedertal, Antholz Mittertal, Antholz Obertal, Ober und Niederrasen ins Pustertal. Das Tal ist ein beliebtes Langlaufrevier und eine Hochburg des Biathlonsports.

Der mächtige, 3273 m hohe Wildgall und der tiefgrüne **Antholzer See** (1641 m) an seinem Fuß bilden eine beeindruckende hochalpine Kulisse. Ein Naturerlebnispfad

Wie ein grünes Juwel liegt der Antholzer See vor der grandiosen Bergkulisse

mit Schautafeln zu Flora und Fauna führt um den See. Im Sommer gelangt man über den **Staller Sattel** (2052 m) ins benachbarte österreichische Osttirol (Achtung Wintersperre!). Ein beliebtes Wanderziel ist auch der Klammbach Wasserfall oberhalb von Antholz Mittertal (hin und zurück 2 Std.). Besonders für Kinder ist ein Ausflug in den Wassererlebnispark Wasserwaldile in Niederrasen ein großer Spaß. Außerdem sind die angebotenen geführten Wanderungen durch den Naturpark Rieserferner-Ahrn und die Kräuterwanderungen sehr gefragt (Juni–Okt., Infos beim Tourismusverein).

INFO

Tourismusverein Antholzertal

• Niederrasner Str. 35F
  39030 Rasen im Antholztal
  Tel. 04 74 4 96 26
  www.kronplatz.com

NIEDERDORF 🟧11 📑 M3

Der Ort Niederdorf (Villabassa, 1157 m) war im 19. Jh. eine international bekannte Sommerfrische. Das im Haus Wassermann untergebrachte **Fremdenverkehrsmuseum Hochpustertal** zeichnet die Entwicklung des Tourismus anschaulich nach. Die Dauerausstellung dokumentiert u. a. den Bau der Pustertalbahn und den Beginn des Alpinismus (Juni–Sept. Di–So 16 bis 19 Uhr).

Außerdem schmückt den Hauptplatz das mit Zinnen und Fresken dekorierte **Görzerhaus.**

TOBLACH 12 🏛 N3/4

Gegenüber vom Eingang zum Höhlensteintal liegt die Gemeinde Toblach (Dobbiaco, 1256 m, 3400 Einw.). Ein berühmter Besucher des Ortes war Gustav Mahler, der von 1908–1910 im nahen Alt-Schluderbach seine 9. und 10. Symphonie schrieb. Das Komponierhäuschen im Wildpark und die von ihm bewohnten Räume im Trenkerhof sind zu besichtigen. Im Juli erinnert die **Gustav-Mahler-Musikwoche** an den Komponisten, dessen Werke im **Kulturzentrum Grand Hotel** aufgeführt werden (Dolomitenstr. 31, Tel. 04 74 97 61 51, www. kulturzentrum-toblach.eu).

Im ehemaligen Grand Hotel befindet sich auch das **Naturparkhaus,** das umfassend und spielerisch über den Naturpark Drei Zinnen informiert. Spannend für Kinder sind die WaldWunderWelt als Teil eines Naturerlebniswegs hinter dem Gebäude und die Erlebniswerkstatt (Juli/Aug. Di–So 9.30 bis 12.30 und 14.30–18, Do bis 22, Jan.–März, Mai–Okt. Di–Sa 9.30 bis 12.30 und 14–18 Uhr).

INNICHEN 13 🏛 N3/4

Im weit geöffneten Drau-Tal liegt die Marktgemeinde Innichen (San Candido, 1174 m, 3200 Einw.).

Die **Stiftskirche,** die ihr heutiges Anlitz im 13. Jh. erhielt, gilt als bedeutendstes romanische Bauwerk im Ostalpenraum. Von den drei Portalen ist das Südportal das schönste. Das große Fresko (um 1480) im Tympanon wird Michael Pacher zugeschrieben. Der Turm entstand erst 1325, die gotische Vorhalle 1474, die anschließende Nothelferkapelle wurde 50 Jahre später gestiftet. Die Strenge des Innenraums kommt auch in der romanischen Kreuzigungsgruppe (Ende 13. Jh.) zum Ausdruck. Die spätromanischen Fresken in der Kuppel über der Vierung stellen Szenen aus der Schöpfungsgeschichte dar. Unter dem Altar begeistert die dreischiffige Krypta mit Kreuzgewölbe (tgl. 8–18 Uhr).

Im benachbarten Kollegiatsgebäude (16. Jh.) befindet sich neben Archiv und Bibliothek das **Stiftsmuseum.** Es bewahrt den Domschatz mit sakralen Kunstwerken, liturgischen Geräten und Gewändern sowie kostbare Handschriften (Attostr. 3, Juni-Mitte Okt. Di–Sa 15–19 Uhr, Tel. 04 74 91 32 78).

Als zweiter Museumsstandort dient das Franziskanerkloster aus dem 17. Jh. Ausgestellt werden archäologische Funde aus Römerzeiten. Der schlichte Bau überrascht zudem im Kreuzgang mit einem Gemäldezyklus: 31 Bilder zu Leben und Wirken des hl. Franziskus (P.-P.-Rainerstr. 15, Juni–Mitte Okt. Di–Sa 11.30 bis 17.30 Uhr, Tel. 04 74 91 32 78).

Im Januar findet in Innichen das **Schneeskulpturen-Festival** statt, Ende Juni das **Festival der Chöre,** Im Juli das Adventure Outdoor Fest.

INFO

Tourismusverein
- Pflegplatz 1 | 39038 Innichen
  Tel. 04 74 91 31 49
  www.drei-zinnen.info

VERKEHRSMITTEL
- **Bahn:** Bruneck–Brixen, Lienz
- **Bus:** Toblach, Vierschach, Sexten

HOTEL

Parkhotel Sole Paradiso €€€
Spitzenhotel mit prämierter Gourmetküche. 42 romantische Zimmer und Suiten im Jugendstilbau. Der Wellnessbereich mit Biosauna und Hallenbad sorgt für Entspannung.
- Haunoldweg 8 | Innichen
  Tel. 04 74 91 31 20
  www.sole-paradiso.com

RESTAURANT

Uhrmacher's Weinstube €–€€
Gemütlich eingerichtete Weinstube mit köstlichen Imbissen.
- Färberstr. 1 | Innichen
  Tel. 04 74 91 43 02

AKTIVITÄTEN

Acquafun
Das Erlebnisbad bietet Wasserspaß und Wellness unter einem Dach.
- M.-H.-Hueber-Str. 2 | Innichen
  Tel. 04 74 91 62 00 | www.acquafun.com

SEXTEN 1.4 N4

Der Besuch von Sexten (Sesto, 1316 m) am Rande des **Naturparks Sextener Dolomiten** ist schon wegen der berühmten Sextener Sonnenuhr ein Muss. Sie wird gebildet von den Gipfeln des Neuner, Zehner, Elfer, Zwölfer und Einser, die das **Fischleintal** rahmen. Schönster Aussichtsgipfel und ein beliebtes Skigebiet ist der **Helm** (2433 m, Gondelbahn).

Das **Rudolf-Stolz-Museum** zeigt 160 Werke des Bozener Malers, der Sexten zu seiner Wahlheimat machte und die Wandgemälde in der Kirche St. Joseph in Moos schuf (Juli/Aug. Di–Do 15–19, Fr–So 10–12, 15–19, Sept. Mi, Fr, So 16–18 Uhr, Tel. 04 74 71 05 21).

INFO

Tourismusverein
- Dolomitenstr. 45 | 39030 Sexten
  Tel. 04 74 71 03 10
  www.drei-zinnen.info

HOTEL

Kreuzbergpass €€
Familienbetriebenes, gastliches Haus mit Felsenschwimmbad, Sauna und Fitnessraum, 7 km ortsaußerhalb.
- Kreuzbergpass | Sexten
  Tel. 04 74 71 03 28
  www.kreuzbergpass.com

Auf fast 2000 m Höhe weitet sich die Hochebene der Plätzwiese

FREIZEIT

Sport Sexten
Die Anlage umfasst die 16 m hohe Kletterhalle Dolomitenarena, Tennisplätze, Minigolf, Freibad, Beachvolleyball, im Winter Eislaufen, Eisstockschießen. Tgl. 9–23 Uhr.
• Waldheimweg 23 | Sexten
  Tel. 04 74 71 00 96
  www.sportsexten.com

GSIESER TAL 🔖 N2–M3

Bei **Welsberg** 15 🔖 M3 (Monguelfo, 1087 m) beginnt das Gsieser Tal, ein bevorzugtes Wander-, Langlauf- und Mountainbike-Gebiet (Straße bis St. Magdalena; 1398 m). Welsberg wird von einer Burg aus dem 12. Jh. überragt, in der im Sommer Ausstellungen und Konzerte stattfinden, und ist der Geburtsort des Barockmalers Paul Troger (1698 bis 1762). Die Pfarrkirche St. Margareth besitzt drei Altarbilder des Meisters (1739).

Am Ortsrand ist in der spätgotischen **Kirche Unsere Liebe Frau** auf dem Rain ein Netzrippengewölbe zu besichtigen.

PRAGSER TAL 🔖 M4

Die vom Pustertal nach Süden abzweigende Straße durch das Pragser Tal (Val di Braies) führt zu dem idyllisch am Fuße des Seekofels (2810 m) gelegenen, eisig grün schimmernden **Pragser Wildsee** 16 (1496 m) › mehr S. 15 Punkt 23

Im östlichen Seitental führt eine Straße über **Bad Altprags** (1379 m) hinauf zur **Plätzwiese** (1993 m). Die Bergfahrt vom Alpengasthof Brückele aus ist im Sommer nur mit Shuttlebus möglich. Bad Altprags erlebte wegen der Heilkräfte seiner Schwefelquellen während der k.-u.-k.-Monarchie eine Blüte als Kurort und wurde daher mit Gastein im Salzburger Land verglichen.

VINSCHGAU

Der Weg in den italienischen Süden
führt durch das Etschtal

Der Vinschgau, der sich von der österreichischen Grenze auf dem Reschenpass (1504 m) über 1000 Höhenmeter hinunter ins Tal nach Meran zieht, hat viele Gesichter und geizt auch nicht mit Kulturdenkmälern.

In den Höhenlagen zeigt sich die Landschaft hochalpin karg, im Talgrund ist sie üppig grün, teils sogar mediterran anmutend. In der tiefer gelegenen Region ist das Wasser so rar, dass es über lange Kanäle, sogenannte Waale, von den Gletscherbächen zu den Feldern geleitet wird.

Durch den Vinschgau verläuft ein uralter Transitweg, den die Römer ausbauten. Die Via Claudia Augusta ging bis Mals und führte von dort weiter nach Augsburg. Auf Schritt und Tritt stößt man hier auf Zeugnisse der langen und wechselvollen Geschichte. In den Burgen und Kirchen blieben die ältesten Fresken des gesamten deutschen Sprachraums erhalten: in Naturns, Mals und – knapp jenseits der Schweizer Grenze – in Müstair.

Heute sind Orte wie Mals, Latsch oder Schlanders geschäftige Zentren und beliebte Urlaubsziele. Zwar ist der Obstanbau immer noch ein Haupterwerbszweig im Untervinschgau, doch der Fremdenverkehr hat an Bedeutung gewonnen. Denn der Vinschgau kann sowohl mit kunsthistorischen Kostbarkeiten als auch mit attraktiven Wander- und Skirevieren aufwarten. Top-Sehenswürdigkeiten sind Kloster Marienberg, die Churburg bei Schluderns und der 1935 gegründete Nationalpark Stilfser Joch, eines der größten Schutzgebiete der Alpen. Besonders das Schnalstal – am Taleingang residiert Reinhold Messner auf Schloss Juval – und der 3905 m hohe Ortler ziehen Berg- und Skisportler scharenweise an.

TOUREN IN DER REGION

TOUR 5

HOHE BERGE, KARGES LAND

ROUTE: Reschenpass › St. Valentin auf der Haide › Kloster Marienberg

> Mals › Schluderns › Schlanders › Naturns

KARTE: Seite 85
DAUER/LÄNGE: 1 Tag; ca. 75 km
PRAKTISCHE HINWEISE:
• Gut ausgebaute Straße; von Meran bis Mals verkehren Bus und Bahn.

TOUR-START:

Diese gemütliche Tour vereint Kultur und Naturgenuss aufs Schönste. Nahe der Etschquelle, am **Reschenpass** (Passo di Résia, 1504 m), beginnt die Fahrt durch den Obervinschgau. Die alpine Landschaft wirkt auf den ersten Blick karg und abweisend, bietet aber reizvolle Aussichten: Im Süden zeichnen sich die vergletscherten Dreitausender des Ortlermassivs ab. Einen Kontrast zu den umgebenden Gebirgsriesen bildet der fast 7 km lange **Reschensee**. Seiner Aufstauung zur Energiegewinnung fiel das alte Dörfchen Graun zum Opfer: Heute ragt kurz vor **St. Valentin auf der Haide 1** › S. 86 nur mehr der Kirchturm aus dem Wasser. Die Reschenstraße führt abwärts über die Malser Haide. Der mit 13 km² größte Murkegel der Alpen wird von Waalen › S. 11 durchzogen. Rechts am Hang kommt bald das weiße **Kloster Marienberg 2** › S. 86 ins Blickfeld, bevor es über **Mals 3** › S. 87, Zentrum des Obervinschgaus und mit seinen typischen Gasthöfen ein guter Platz für eine Mittagsrast, nach **Schluderns 7** › S. 88 geht. Die Waffenkammer der Churburg › S. 88 mit Ritterrüstungen begeistert vor allem kleine Besucher. Je weiter die Fahrt hinunter nach Meran führt, um so mehr weicht der alpine Charakter einer von Obstanbau geprägten Landschaft.

Fast schon städtisches Flair verbreitet **Schlanders 11** › S. 90, Einkaufs- und Geschäftszentrum des Tals. Über **Latsch 13** › S. 92 – dortiges Highlight für Kulturfreunde ist der **Lederer-Altar**, für Naturliebhaber das Wandergebiet um die Tarscher Alm – geht es weiter nach Naturns. Unterwegs lohnt eine Besichtigung von Messners **Schloss Juval** › S. 92. In **Naturns 16** › S. 95 sollte man die **St.-Prokulus-Kirche** mit den weltberühmten Fresken und dem Museum nicht versäumen.

STILFSER JOCH UND ORTLERGEBIET

> **ROUTE:** Spondinig › Prad › Sulden › Trafoi › Stilfser Joch

> **KARTE:** Seite 85
> **DAUER/LÄNGE:** 1 Tag; 48 km
> **PRAKTISCHER HINWEIS**
> • Die Fahrt auf dr Bergstraße erfordert besondere Vorsicht und ist wesentlich anstrengender als auf normalen Routen. Ungünstige Wetterverhältnisse können die Fahrbedingungen verschlechtern.

TOUR-START:

Wer einen Blick auf den »höchsten Spitz in Tyrol« genießen will, unternimmt einen Ausflug über die 48 Kehren der 1825 eröffneten Passstraße zum Stilfser Joch (2757 m). Die Strecke bis zur Passhöhe beträgt von Spondinig 27,5 km, wobei 1870 Höhenmeter überwunden werden müssen. Gleich zu Beginn der Tour lohnt ein Stopp in **Prad** und der Besuch des **Nationalparkhauses Aquaprad** › S. 89. Zwischen Prad und Trafoi zweigt die Straße nach **Sulden** 9 › S. 89 ab. Die eindrucksvolle Bergkulisse mit dem 3905 m hohen Ortler, die sich wie ein Amphitheater um den Bergsteiger- und Skiort gruppiert, macht den Besuch auch für unsportliche Urlauber zum Erlebnis. Zudem gibt es das Messner-Museum **MMM Ortles** › S. 90.

In Trafoi, mitten im **Nationalpark Stilfser Joch** 8 › S. 89, liegt das Besucherzentrum »naturatrafoi« an der serpentinenreichen Stilfser Joch-Passstraße. Danach beginnt der schönste Streckenabschnitt: Kurz vor der Passhöhe eröffnet sich von der **Franzenshöhe** (2188 m) ein tolles Panorama auf die Gletscherkulisse.

WICHTIGE ADRESSE

Tourismusverband Vinschgau
• Laubengasse 11 | 39028 Schlanders
Tel. 04 73 62 04 80 | www.vinschgau.net

TOUREN IM VINSCHGAU

TOUR 5

HOHE BERGE, KARGES LAND

Reschenpass › St. Valentin auf der Haide › Kloster Marienberg › Mals › Schluderns › Schlanders › Naturns

TOUR 6

STILFSER JOCH UND ORTLERGEBIET

Spondinig › Prad › Sulden › Trafoi › Stilfser Joch

UNTERWEGS IM VINSCHGAU

ST. VALENTIN AUF DER HAIDE **1** 📖 B3

Der unterhalb des Reschenpasses an der Reschenstraße gelegene Ort (San Valentino alla Muta, 1470 m) diente bereits 1140 als Hospiz und verzeichnete schon zu kaiserlichen und königlichen Zeiten regen Besuch. Der im Jahre 1905 hier gegründete Skiklub war einer der ersten in ganz Tirol. Heute ist das **Skigebiet Haider Alm** mit Liften und 20 km Pisten zeitgemäß erschlossen (Infos unter www.haider alm.it). Im Sommer führen von der Alm aus sehr schöne Höhenwanderungen u. a. nach Rojen (1973 m), einer der höchstgelegenen Ortschaften im ganzen Alpenraum.

INFO

Informationsbüro Reschenpass
• Hauptstr. 22 | 39027 Reschen
Tel. 04 73 63 11 01
www.reschenpass.it

KLOSTER MARIENBERG **2** 📖 B4

Mit seinen weit herabreichenden Stützmauern wirkt das 1344 m hoch gelegene Benediktinerkloster oberhalb von **Burgeis** (Burgusio, 1216 m) wie eine Festung. > mehr S. 16 Punkt **24** Doch auch die mächtigen Mauern konnten nicht verhindern, dass die Abtei durch die Landvögte von Matsch, die talabwärts auf der Churburg saßen, wiederholt geplündert wurde. Im 17. Jh. erfolg-

St. Valentin auf der Haide verdankt seinen Namen Wandermissionar Valentin von Rätien

te die barocke Umgestaltung. Von besonderer künstlerischer Bedeutung sind die farbenfrohen romanischen Fresken in der Krypta (um 1160): Christus thront in der Mandorla, links Petrus, rechts Paulus, und eine Engelschar schwebt vor blauem Hintergrund im Gewölbe. 2007 wurden neue Schauräume eröffnet, die Einblicke in das klösterliche Leben zeigen (Mitte März–Okt. Mo–Sa 10–17 Uhr, Krypta mit Führung Mo–Sa 15 oder im Rahmen der Vesper Juni–Okt. 17.30 Uhr).

INFO
Benediktinerabtei Marienberg
• Schlinig 1
39024 Mals
Tel. 04 73 83 13 06
www.marienberg.it

HOTEL
Das Moriggl €
Angenehmes Aparthotel mit hellen, gut ausgestatteten Ferienwohnungen; ideales Basisquartier für Biker und Wanderer.
• 39024 Burgeis 176
Tel. 04 73 83 15 50
www.das-moriggl.com

MALS 3 ▮ B4

Fünf alte Türme zeigt die Silhouette von Mals (Malles Venosta, 1050 m, 5000 Einw.), dem sonnenverwöhnten Hauptort des Obervinschgaus. Gotisch ist der mächtige Turm der Pfarrkirche mit seinem achteckigen Helm, die anderen vier sind romanisch, darunter der 33,5 m hohe Fröhlichsturm aus dem 12./13. Jh., ein Überrest der Fröhlichsburg. Kunstkenner erwartet nahe der Ortsumfahrung das Kleinod St. Benedikt. Das Kirchlein aus karolingischer Zeit bekam zu Beginn des 9. Jhs. eine Freskenausschmückung, am besten erhalten sind die Malereien in den Nischen der Ostwand. Urlaubern bietet der Ort vielfältige Ausflugsmöglichkeiten, von der Fahrt mit der Vinschger Bahn über Radtouren bis zur Waalwanderung auf die Malser Heide.

INFO
Ferienregion Obervinschgau
• St. Benediktstr. 1 | 39024 Mals
Tel. 04 73 83 11 90
www.vinschgau.net

💬 DIE VINSCHGER BAHN

Seit der Wiederaufnahme des Bahnbetriebes im Jahr 2005 ist die Vinschger Bahn (www.vinschgerbahn.it) ein riesiger Erfolg. Das ganze Tal zwischen Mals und Meran wurde mit ihr erschlossen und ist somit schnell erreichbar: Die Fahrtzeit von Meran bis Mals beträgt 1 Std. 10 Min. mit dem Expresszug (verkehrt alle 2 Std.) und 1 Std. 23 Min. mit dem Regionalzug, der in allen Ortschaften hält und jede Stunde verkehrt. Ab dem Bahnhof Mals fährt der Citybus weiter ins Zentrum und in die umliegenden Ortschaften. An sechs größeren Bahnstationen entlang der Strecke können günstig Fahrräder ausgeliehen werden (April–Okt.).

HOTEL

Greif €€

Gemütliche, helle Zimmer; das angeschlossene Restaurant offeriert Vollwertküche und Südtiroler Spezialitäten. Vinothek mit ausgezeichneten Weinen.

- G.-Verdroßstr. 40a | Mals
  Tel. 04 73 83 11 89
  www.hotel-greif.com

AUSFLUG NACH MÜSTAIR 4 🏛 A5

Ein Muss für Kunstfreunde ist ein Abstecher von Mals ins schweizerische Müstair (11 km), wo das **Kloster St. Johann** einen einzigartigen karolingischen Freskenzyklus (um 800) und romanische Wandmalereien bewahrt. Auf dem Rückweg liegt kurz hinter der Grenze **Taufers** 5 🏛 A4 (1230 m), ein typisches Straßendorf, überragt von den beinden Burgruinen Reichenberg und Rotund. Die Kirche St. Johann (um 1230) wurde über einem für Südtiroler Kirchen ungewöhnlichen Grundriss eines griechischen Kreuzes errichtet. Im Chorgewölbe blieben meisterhafte romanische Fresken erhalten.

GLURNS 6 🏛 B4

Ganz in der Nähe fand 1499 die für die Habsburger so verheerende Calvenschlacht statt. Nach ihrem Sieg plünderte und brandschatzte die Schweizer Bauernarmee auch Glurns (Glorenza, 907 m), das seit 1223 Sitz des landesfürstlichen Gerichts war.

Den Besuchern präsentiert sich die kleinste Stadt Italiens mit Wehrmauern, Tortürmen und mittelalterlichen Laubengängen als ein beschaulicher Ort, in dem die Zeit stehen geblieben zu sein scheint. › mehr S. 15 Punkt 19 Außerhalb des befestigten Gevierts steht die spätgotische Kirche **St. Pankraz** (1495) mit einem großen Fresko am Turm.

SCHLUDERNS 7 🏛 B4

An der Mündung des Matscher Tals, einem weitgehend unberührten Wandergebiet mit stolzen Dreitausendern, liegt Schluderns (Sluderno, 921 m) › mehr S. 16 Punkt 28

Das **Vinschger Museum,** informiert über die Geschichte, das von Armut geprägte Leben im Tal, die Schwabenkinder sowie das Bewässerungssystem der Waale (Meraner Str. 1, Juli/Aug. Di–So 10–18, April–Juni, Sept./Okt. 10–12.30 und 14–18 Uhr, Tel. 04 73 61 55 90, www.vintschgermuseum.com).

Überragt wird Schluderns von der **Churburg.** Ab 1253 vom Churer Bischof erbaut, geriet es in die Hand der Vögte von Matsch und auf dem Erbweg an die Grafen von Trapp, die aus der Burg mit dem 26 m hohen Bergfried ein prächtiges Renaissanceschloss machten und es bis heute bewohnen. Zugänglich ist die Waffenkammer, in der man u. a. die 45 kg schwere und 2,10 m hohe Rüstung des Matschers Ulrich IX. bewundern kann (nur mit Führung Mitte März–Okt. Di–So 10–12, 14 bis 16.30 Uhr, Tel. 04 73 61 52 41, www.churburg.com).

STILFSER JOCH 8 📖 A5/6

Das 2757 m hohe Stilfser Joch (Passo dello Stelvio) war namensgebend für den 134 000 ha großen **Nationalpark Stilfser Joch,** der sich über weite Teile des Ortlermassivs bis hin zum schweizerischen Engadiner Nationalpark erstreckt. › mehr S. 12 Punkt 6

Auf jeden Fall besuchen sollte man das **Nationalparkhaus Aquaprad** in Prad am Stilfser Joch. Zu sehen sind dort u. a. die Ausstellung »Natur formt Natur – Natur formt Mensch – Mensch formt Natur« und 14 Aquarien mit heimischen Fischarten, außerdem kann man an geführten Wanderungen teilnehmen (Kreuzweg 4c, Di–Fr 9.30 bis 12.30, 14.30–18, Sa/So 14.30 bis 18 Uhr, www.stelviopark.bz.it).

Das **Besucherzentrum »naturatrafoi«** in Trafoi ist dem Leben an der Grenze gewidmet. Die Ausstellung gewährt Einblicke in die Geologie des Ortlermassivs und in das Überleben von Pflanzen und Tieren unter den extremen Bedingungen im Hochgebirge (Mai–Okt. Di bis Sa 9.30–12.30, 14.30–18, Juli/Aug. auch So 14.30–18 Uhr, www.stelviopark.bz.it).

SULDEN 9 📖 B6

Vom Stilfser Joch aus gesehen liegt Sulden (Solda, 1906 m) hinter dem Ortler. Dies war früher wörtlich zunehmen, denn erst 1892 erhielt der Flecken eine Straßenzufahrt (20 km ab Spondinig). Heute ist Sulden ein renommierter Luftkurort mit Gletscherskigebiet.

Die Churburg der Grafen Trapp hoch über Schluderns

Einen Besuch lohnt Reinhold Messners **Alpine Curiosa Museum** mit Kuriositäten aus der Geschichte des Bergsteigens. Man findet es neben dem Hotel Post in einer ehemaligen Bergsteigerunterkunft, dem sogenannten Flohhäuschen (ganzjährig frei zugänglich).

Das unterirdische **Museum MMM Ortles** ist Teil des Projekts Messner Mountain Museum, das sechs Museen an verschiedenen Standorten in ganz Südtirol umfasst › S. 139 Der Ableger in Sulden ist den Themen Eis und Ortler gewidmet (Ende Mai bis Mitte Okt. und Mitte Dez. bis 1. Mai Mi–Mo 14–18, Juli/Aug. 13–18 Uhr, www. messner-mountain-museum.it).

Letzterer widmet sich u. a. auch die **Sparkassen Kulturpromenade**. Der Panoramaweg rund um den Ort schlägt mit zwölf Stationen eine Brücke von den Anfängen Suldens als abgelegenes Bergdorf bis zur Gegenwart als bekannter Tourismusort.

INFO

Tourismusverein Ortlergebiet
• Hauptstr. 72
  39029 Sulden
  Tel. 04 73 61 30 15
  www.vinschgau.net

HOTEL

Eller €€
Traditionsreiches Familienhotel mit Wellnessbereich. Pfarrer Johann Eller war der Pionier des Fremdenverkehrs in Sulden.
• Hauptstr. 15 | Sulden
  Tel. 04 73 61 30 21
  www.hoteleller.com

RESTAURANT

Yak & Yeti €€
Das Restaurant serviert eine besondere Spezialität: Fleisch von Yak-Rindern, die Reinhold Messner aus Tibet eingeführt. hat. Mo und Ende März bis Juni geschl.
• beim Alpine Curiosa Museum
  39029 Sulden | Tel. 04 73 61 32 66

LAAS 10 ▮ C5

Marmor aus Laas (Lasa, 868 m, 3950 Einw.) wird weltweit exportiert – der weiße Marmor kommt nur an drei Orten in Europa vor. Die Lager an den Abhängen der Laaser Spitze werden seit dem 15. Jh. ausgebeutet. Funde bei der kleinen Kirche St. Sisinius (Ende 8. Jh.) am westlichen Dorfrand belegen eine Besiedlung des Tals in prähistorischer Zeit. › mehr S. 13 Punkt 10

Im Ort selbst verdient die romanische Apsis (12. Jh.) der Pfarrkirche St. Johannes Beachtung.

SCHLANDERS 11 ▮ C5

Schlanders (Silandro, 721 m, 5900 Einw.) ist der Hauptort des Untervinschgaus. Hier ändern sich Klima und Landschaftsbild: Es gedeihen Marillen, die ersten Rebberge sind nicht mehr weit. Im Ortskern künden die prächtige Renaissancebau der um 1600 erbauten Schlandersburg sowie stattliche Herrenhäuser noch von der noblen Vergangenheit des Ortes. In einem solchen Ansitz ist auch das Rathaus untergebracht. Durch zahlreiche Neubauten hat Schlanders etwas von seiner ursprünglichen Atmosphäre eingebüßt. Ganz anders dagegen die schmucken Häuser, die im Ortsteil **Kortsch** den Dorfkern bilden – sie sind größtenteils im 17. und 18. Jh. entstanden.

Gotik dagegen prägt das benachbarte **Göflan.** Die Kirche St. Martin (1465–1472) birgt zwei spätgotische Flügelaltäre. Göflan liegt am Fuß des bis hoch hinauf bewaldeten Nördersberges. Kaum Vegetation gedeiht dagegen auf der gegenüberliegenden, als Sonnenberg bezeichneten Steilflanke. Wer den Vinschgau kennenlernen will, muss hier hinaufsteigen zu den Einzelhöfen und den Feldern, die über kilometerlange Waale › S. 11 bewässert werden.

INFO

Tourismusverein Schlanders-Laas
• Kapuzinerstr. 10
  39028 Schlanders
  Tel. 04 73 73 01 55
  www.vinschgau.net

HOTEL

Wanderhotel Vinschgerhof €−€€
Bei Wanderern beliebtes Hotel mit Hallenbad und Sauna, in dem man auch eine deftige Südtiroler Brotzeit (Marende) genießen kann.
• Alte Vinschger Str. 1 | Schlanders
  Tel. 04 73 74 21 13
  www.vinschgerhof.com

AUSFLUG INS ORTLERMASSIV

Beim Ort **Goldrain** 🏛 D5 (Coldrano, 660 m) zwischen Schlanders und

Marmorwerkstatt in Laas

Latsch, dessen örtliches Renaissanceschloss als Kultur- und Tagungszentrum dient, öffnet sich das **Martelltal** `12` 🏛 D5–C6, das bei Bergwanderern und Kletterern längst kein Geheimtipp mehr ist. Ein prächtiger Blick in dieses von vergletscherten Dreitausendern umrahmte Hochtal bietet sich von **Schloss Annenberg** (1037 m) aus, eine Gehstunde über Goldrain gelegen. Der weiße Eisdom des Monte Cevedale (3778 m) markiert den höchsten Punkt. Eine kurvenreiche Straße führt taleinwärts zum **Zufritt-Stausee** (1850 m).

Kunstfreunde besuchen in **Morter** (748 m), gleich am Eingang ins Martelltal, die spätgotische Pfarrkirche St. Dionysius von 1479 und die romanische Vigiliuskirche von 1180. Oberhalb des Ortes erhebt sich **Schloss Montani**, 1228 von Albert II. von Tirol erbaut und einst eine der bedeutendsten Burgen des Vinschgaus. Aus der berühmten Bibliothek stammt eine der ältesten Handschriften des Nibelungenliedes (1323). Die unterhalb stehende Burgkapelle **St. Stephan** bewahrt kunsthistorisch bedeutende spätgotische Fresken.

LATSCH 13 ▮ D5

Im von Obstgärten umgebenen Latsch (Laces, 639 m, 4300 Einw.) › mehr S. 14 Punkt ⓫ bewahrt die **Spitalkirche zum Hl. Geist** – ursprünglich Teil eines Johanniterspitals – einen der bedeutendsten Flügelaltäre in der Region: den spätgotischen **Lederer-Altar** (Mitte April–Anf. Nov. Mo–Sa geöffnet). Der Bildhauer Jörg Lederer schuf ihn um 1520. Die Malereien auf den Seitenflügeln stammen vermutlich von Hans Schäuffelin. Auffällig ist auch der westlich des Ortes gelegene **Ansitz Mühlrain** mit seiner rötlichen Fassadenfarbe.

WANDERUNGEN RUND UM LATSCH

Ein gut markierter Pfad verbindet die Gehöfte über dem riesigen Graben des Tissbachs. Bergbauern wirtschaften hier unter extremen Bedingungen. Via **Schloss Annenberg** oder über **Ratschill** (1285 m) kann man ins Tal absteigen (etwa 4 Std.).

Beliebt ist auch die Wanderung über Trumsberg (1469 m) hinunter nach **Kastelbell** (586 m), das von einem zinnenbewehrten mittelalterlichen Schloss, der **Burg Kastelbell** (13. Jh.), überragt wird. Hier kann man im edlen Restaurant Kuppelrain einkehren.

Ein beliebtes Wanderziel ist auch das Dorf **St. Martin im Kofel** (1736 m, 10 Min. mit der Seilbahn oder rund 3 Std. zu Fuß) mit seiner **Wallfahrtskirche Zum Hl. Martin.** Das grandiose Talpanorama reicht von der Mündung des Val Müstair bis zur Töll, am südlichen Horizont stehen die vergletscherten Dreitausender der Ortlergruppe Parade.

INFO

Tourismusverein
• Hauptstraße 38a
  39021 Latsch
  Tel. 04 73 62 31 09
  www.vinschgau.net

RESTAURANT

Kuppelrain €€–€€€
Das vielleicht beste Restaurant im Vinschgau mit hervorragender Sterneküche und Weinen. Mittags, So, Mo geschl.
• Bahnhofstr. 16
  39020 Kastelbell
  Tel. 04 73 62 41 03
  www.kuppelrain.com

SCHNALSTAL

SCHLOSS JUVAL 14 ▮ D/E5

Hoch über dem Taleingang thront die mittelalterliche Burg, die im 15. Jh. zum Renaissanceschloss ausgebaut worden war. Sie war halb verfallen, als Reinhold Messner, der Extrembergsteiger, Schriftsteller und

Exponate aus Tibet im Messner Mountain Museum auf Schloss Juval

nicht zuletzt Umweltaktivist für den Lebensraum Alpen, sie restaurieren ließ.

Seit 1985 wohnt er hier und präsentiert im Messner Mountain Museum **MMM Juval** ausgewählte Exponate zum Thema »Mythos Berg«, darunter die Tibetika-Sammlung und die Bergbildgalerie (Ende März–Ende Juni und 1. Sept.–1. So im Nov. Do–Mo 10–16 Uhr, nur mit Führung, keine Parkmöglichkeit, aber Shuttlebus, www.messner-mountain-museum.it).

Der reizvollste Weg führt von Tschars (636 m) über den **Schnalswaal** hinauf zum Schloss Juval (etwa 1 Std.).

RESTAURANT

Schlosswirt Juval €€
In Reinhold Messners Buschenschank wird u. a. die traditionelle Marende (Südtiroler Brotzeit) zum Rotwein serviert: Schüt-

telbrot, geräucherter Schinken, Kaminwurzen und Essiggurken. Abends reservieren!. Mi geschl.
• Juval 2 | 39020 Kastelbell
Tel. 04 73 66 80 56
www.schlosswirtjuval.it

ARCHEOPARC SCHNALS 15 🏅 🏛 D4

Vor dem Bau der Talstraße (1875) führte der Weg ins Schnalstal über den Berg, von Latsch nach St. Martin und weiter über den Ötztaler Hauptkamm nach Nordtirol. Den Beweis dafür, dass diese hochalpinen Übergänge schon lange vor Beginn unserer Zeitrechnung begangen wurden, lieferte die Entdeckung des jungsteinzeitlichen Eismanns Ötzi, der im Gletschereis des Hauslabjochs (ca. 3100 m) fünf Jahrtausende überdauerte.

Seit dem Fund von Ötzi dreht sich im Schnalstal alles um den Eismann – so auch im **Aktivmuseum ArcheoParc Schnals,** das die Vergangenheit sehr anschaulich präsentiert und auch für Kinder viel Vergnügen und Spannung bietet (Unser Frau, Madonna 163, April bis Okt. 10–17 Uhr, Tel. 04 73 67 60 20, www.archeoparc.it).

OBERES SCHNALSTAL

Unterhalb des 1690 m hoch gelegenen **Vernagt-Stausees** ist das Schnalstal enger. Auf einer Anhöhe liegt **Karthaus** (Certosa, 1327 m), Sitz der Talgemeinde. Ursprünglich ein Kartäuserkloster, wurde der Komplex nach seiner Aufhebung (1782) von Bauern besiedelt.

Am Talschluss in **Kurzras** lockt ein Gletscherskigebiet die Snowboarder und Alpinskifahrer nicht nur im Winter auf die Pisten. Hinauf auf 3212 m führt Südtirols höchste Seilbahn.

INFO
Tourismusverein Schnalstal
• Karthaus 42
  39020 Schnalstal
  Tel. 04 73 67 91 48
  www.schnalstal-info.com

RESTAURANT
Hotel Goldenes Kreuz €€
Wie in vielen Betrieben im Schnalstal kann man hier essen wie zu Ötzis Zeiten: Linsensalat, Gerstnocken, Brennnessel- und Getreidesuppe sowie Wild.
• Unser Frau 27
  Schnalstal
  Tel. 04 73 66 96 88
  www.goldenes-kreuz.com

🗨 ST. PROKULUS – PARADIES FÜR KUNSTPILGER

Die Fahrt durch den Vinschgau kommt – vor allem, wenn man sie im bündnerischen Münstertal beginnt – einer Reise in das Frühmittelalter gleich. An Müstair, Mals und Naturns kommt kein kulturhistorisch Interessierter vorbei.

Außerhalb von Naturns steht mitten in den Obstplantagen **St. Prokulus.** Man vermutet nicht, dass diese äußerlich unscheinbar wirkende kleine Kirche im Inneren einen der größten Kunstschätze birgt. Die vielfach gerühmten Fresken entstanden zwischen 770 und 800, vermutlich unter dem Einfluss der irischen Buchmalerei, die in St. Gallen und Salzburg ihre Hochburgen hatte. Die Darstellungen wirken fast abstrakt; wenige kräftige Striche zeichnen die Umrisse der Figuren. Berühmt wurde vor allem die Szene an der Südwand, die den hl. Prokulus, Bischof von Trient, bei seiner Flucht über die Stadtmauer von Verona zeigt. Die Rinderherde an der Eingangswand verweist darauf, dass er als Patron des Viehs gilt. Die archäologischen Funde aus der Kirche und vom Friedhof sind im eigenen unterirdischen Museum neben der Kirche untergebracht. Vier Raum-Zeit-Stationen durch 1500 Jahre Geschichte dieser Region und ihrer Menschen (St.-Prokulus-Straße, April–Anf. Nov. Di–So 10–12.30, 14.30–17.30 Uhr, Führungen nach Voranmeldung, Tel. 04 73 67 31 39, www.naturns.it/prokulus).

NATURNS 16 E4

Der viel besuchte Ort Naturns (Naturno, 4500 Einw.) im Untervinschgau wird überragt von der zinnengekrönten Burg. > mehr S. 14 Punkt ⓭ Hauptsehenswürdigkeit ist aber das Kirchlein **Sankt Prokulus** mit seinem einzigartigen Freskenschmuck aus dem 8. Jh. und dem dazugehörigen Museum > S. 94.

INFO

Tourismusverein
• Rathausstr. 1 | 39025 Naturns
  Tel. 04 73 66 60 77 | www.naturns.it

HOTELS

Preidlhof €€€
Dieses 4-Sterne-Wellnesshotel in Traumlage am Fuß der Texelgruppe bietet großzügige Zimmer, einen riesigen Wellnessbereich sowie einen beheizten Außenpool.
• St. Zeno-Str. 13
  Naturns | Tel. 04 73 66 62 51
  www.preidlhof.it

Schmiedhof €
Familiärer Betrieb mit kleinem Pool; auch Ferienwohnungen.
• Schlossweg 3
  Naturns
  Tel. 04 73 66 74 28
  www.schmiedhof.it

RESTAURANTS

Restaurant zum Adler €€
Denkmalgeschütztes Gasthaus im Zentrum mit regionalen Spezialitäten.
• Hauptstr. 45 | Naturns
  Tel. 04 73 66 82 88
  www.zumadler.eu

St. Prokulus bei Naturns birgt im Inneren frühmittelalterliche Fresken

Falkenstein €
Gemütlicher Gasthof mit guten Winzerweinen und Vinschgauer Küche.
• Schlossweg 15
  Naturns
  Tel. 04 73 66 73 21
  www.gasthof-falkenstein.com

FREIZEIT

Erlebnisbad Naturns
Spaß für die ganze Familie bietet dieses Hallen- und Freibad inklusive 75-m-Wasserrutsche, Strömungskanal, Solebecken und Sauna (Öffnungszeiten Sommer und Winter siehe Webseite).
• Feldgasse 5
  Naturns
  Tel. 04 73 66 80 36
  www.naturns.it/erlebnisbad

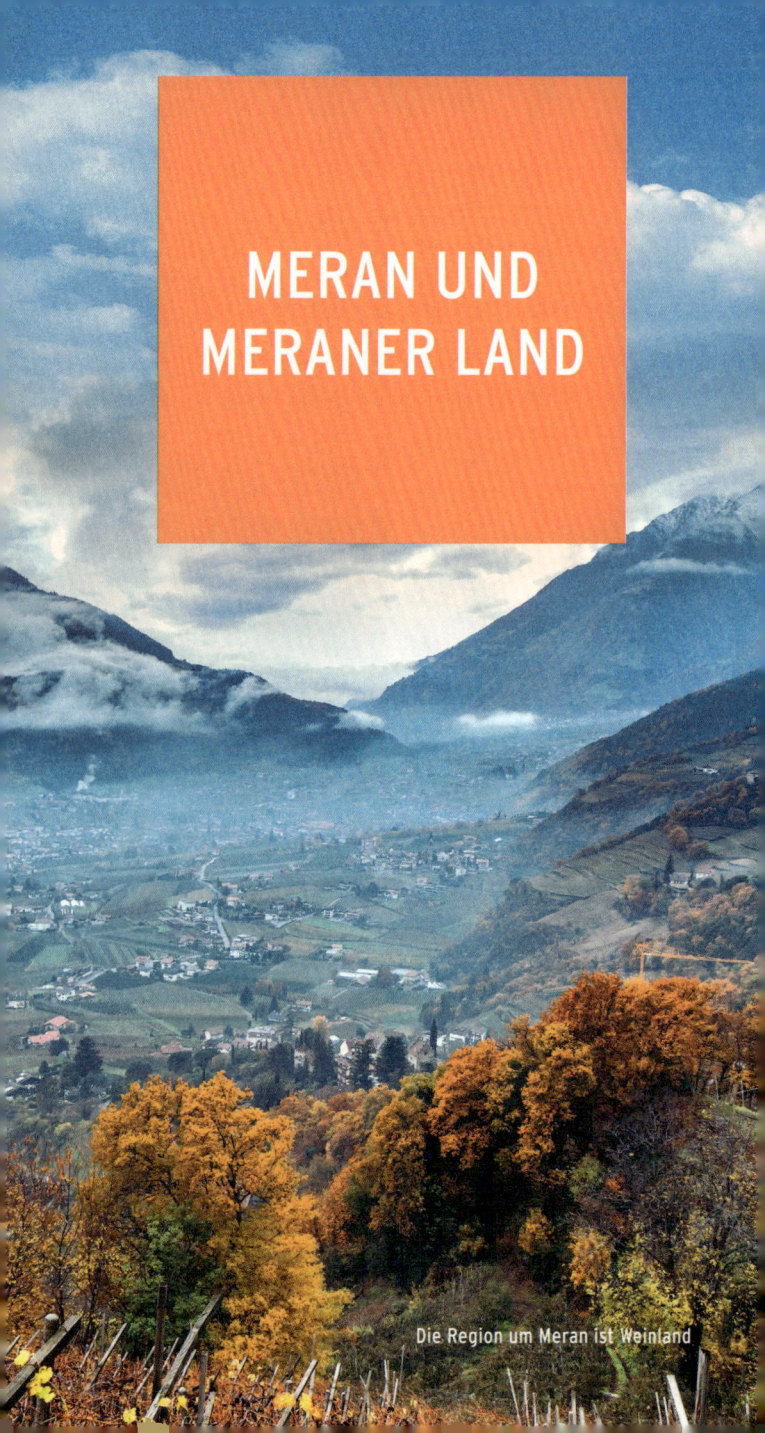

MERAN UND MERANER LAND

Die Region um Meran ist Weinland

Das Meraner Land umfasst nicht nur die nähere Umgebung der bezaubernden Kurstadt Meran, sondern auch das Passeiertal, das Ultental, das mittlere Etschtal, die Texelgruppe sowie die unteren Vinschgau.

Das landschaftliche Spektrum um Meran reicht von den vergletscherten Bergspitzen der Ötztaler Alpen im Norden bis zu den mediterran anmutenden Obst- und Weingärten im Etschtal, die von einem besonders milden Klima profitieren.

Bei einer Fahrt vom Timmelsjoch nach Meran ist der Kontrast zwischen kargem Hochgebirge und satten Almwiesen, zwischen urigen Berghütten und schmucken Dörfern, zwischen mediterraner und alpiner Flora besonders reizvoll. Die zahlreichen Schlösser und Ansitze der Region fügen sich perfekt in die Landschaft ein. Nicht umsonst sind Dörfer wie Schenna, Algund und Dorf Tirol beliebte Touristenziele.

Die Kurstadt Meran selbst bietet zahlreiche Sehenswürdigkeiten und ein besonderes Flair. Als geschichtsträchtige Region im Herzen Europas kommt man im Meraner Land an kulturellen Highlights – wie etwa der Altstadt von Meran mit der Landesfürstlichen Burg oder Schloss Tirol mit dem Südtiroler Landesmuseum für Kultur- und Landesgeschichte – kaum vorbei.

TOUREN IN DER REGION

TOUR 7

AUF DEM MERANER HÖHENWEG

ROUTE: Partschins > Algund > Dorf Tirol > Passeiertal (> Pfelderertal > Eisjöchl > Pfossental > Katharinaberg > Naturns > Partschins)

KARTE: Seite 98
LÄNGE/DAUER: ca. 100 km. Je nach Kondition und Muße benötigt man

etwa 5–6 Tage, bei Gehzeiten von 6–8 Stunden pro Tag.
PRAKTISCHE HINWEISE:
- Der Höhenwanderweg (Wegmarkierung: Nr. 24) ist sehr gut ausgebaut und gesichert, erfordert aber als alpine Wanderung, entsprechende Ausrüstung, Planung und Kondition.
- Der südliche Höhenweg oberhalb vom Passeiertal ist zwischen Mai und November begehbar (Teilstücke evtl. ganzjährig).
- Der nördliche, hochalpine Teil (Pfelderertal, Eisjöchl, Pfossental, Katharinaberg) ist nur von Juni

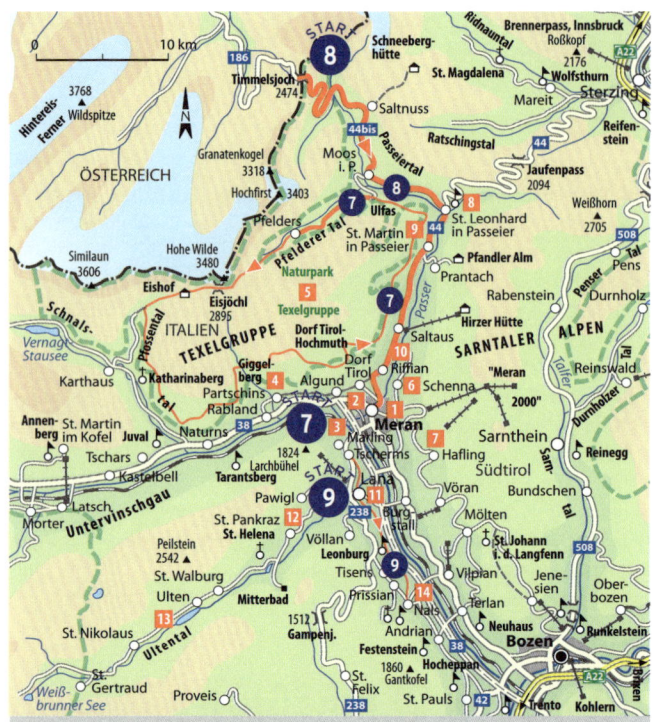

TOUREN IM MERANER LAND

TOUR 7

AUF DEM MERANER HÖHENWEG

Partschins > Algund > Dorf Tirol >
Passeiertal (> Pfelderertal > Eisjöchl >
Pfossental > Katharinaberg > Naturns >
Partschins)

TOUR 8

VOM GLETSCHEREIS ZU DEN
WEINBERGEN

Timmelsjoch > Passeiertal > Meran

TOUR 9

RADTOUR IM MERANER LAND

Tscherms > Lana > Nals

bis September begehbar.
- Einige Hütten sind nur Juni–Aug., andere bis Okt. geöffnet, manche bieten neben Bettenlager auch Doppelzimmer (reservieren!)
- www.meraner-hoehenweg.com

TOUR 8
VOM GLETSCHEREIS ZU DEN WEINBERGEN

ROUTE: Timmelsjoch › Passeiertal › Meran

KARTE: Seite 98
DAUER/LÄNGE: 1/2 Tag; 50 km
PRAKTISCHE HINWEISE:
- Die teilweise recht schmale Timmelsjochstraße ist für Busse und Wohnanhänger generell gesperrt. sonst Juni–Sept. tgl. 7–20 Uhr offen, Okt.–Mai Wintersperre.
- Infos, Karte und Mauttarife unter www.timmelsjoch.com.

TOUR-START:

Der Meraner Höhenweg führt in 1400–1500 m Höhe um die **Texelgruppe** im gleichnamigen **Naturpark 5** › S. 107. Am besten startet man in **Partschins 4** › S. 107. Die Texelbahn (tgl. 8–19 Uhr) fährt direkt nach Giggelberg am **südlichen Meraner Höhenweg.** Die Tour führt gegen den Uhrzeigersinn entlang der Südhänge. Unterwegs eröffnen sich Blicke in den Meraner Talkessel, ins Etschtal und übers **Passeiertal** › S. 109 auf die Gipfel der Sarntaler Alpen. Die erste Etappe zum Berggasthof Hochmut ist auch als Tagesausflug machbar. Im Abstand von 30 Min. bis 2,5 Std. liegen mehrere Hütten und Almen. Von Hochmut geht es per Seilbahn nach Dorf Tirol hinunter oder am Folgetag über Longfallhof, Vernuer, Magdfeld, Matatz und Christl weiter bis Ulfas oberhalb von Platt im Passeiertal. Mit öffentlichen Bussen (Umstieg Meran) gelangt man zurück nach Partschins. Geübte Bergwanderer folgen über Außerhütt dem alpinen **nördlichen Höhenweg** zum Eisjöchl (2895 m) zwischen Pfelderer- und Pfossental. Eine anspruchsvolle 14,5-km-Etappe von Katharinenberg durchs Tal der 1000 Stufen bis Giggelberg beschließt die Runde.

TOUR-START:

Das **Timmelsjoch** (Passo di Rombo, 2491 m) bildet die Grenze zwischen Nord- und Südtirol, Ötz- und Passeiertal. Die kurvige Bergstraße am **Naturpark Texelgruppe 5** › S. 107 entlang ist eine reizvolle Alternativstrecke nach Südtirol – die vielbefahreren Routen über Brenner und Reschen sind häufig verstopft. Die Timmelsjochstraße führt aus dem karg-schroffen Hochgebirge hinunter zu den Rebhängen und Obstkulturen rund um Meran.

Bei der eindrucksvollen Talfahrt erkennt man über dem Timmelstal einige Dreitausender der Stubaier Alpen. Weiter führt die Tour über das Dorf **Moos in Passeier** › S. 110 nach **St. Leonhard in Passeier 8**

› S. 109, dem Hauptort des Passeiertals, und **St. Martin** 9 › S. 109. Hinter **Riffian** 10 › S. 110 öffnet sich das Tal der Passer zum weiten Meraner Talkessel. Im Süden der Kurstadt **Meran** 1 › S. 100 erstreckt sich das lange Etschtal.

RADTOUR IM MERANER LAND

ROUTE: Tscherms › Lana › Nals

KARTE: Seite 98
DAUER/LÄNGE: 1/2 Tag (ca. 2 Std. reine Fahrzeit); ca. 15 km
PRAKTISCHER HINWEIS:
• Die Strecke weist nur geringe Höhenunterschiede auf und ist deswegen auch für Ungeübte zu bewältigen.

TOUR-START:

Diese Radtour startet in **Tscherms** (Cermes) etwa 6 km südlich von Meran. Oberhalb des Ortes liegt die stattliche Burganlage Schloss Lebenberg › S. 107. Von der Ortsmitte aus radelt man über Trojen- und Tränkweg durch Apfelplantagen gen Süden Richtung **Lana** › S. 110. Die Hauptverkehrsstraße quert man auf dem gut ausgeschilderten Radweg, und folgt anschließend dem St.-Agatha-Weg bis zum Tribusplatz. Ruhiger als der direkte Weg über die Treibgasse nach Nals ist der Schlenker über Goldeggstraße und Kirchweg, der in die Schnatterpeckstraße einmündet. Hinter der Kirche lohnt das Südtiroler Obstbaumuseum einen Abstecher. Am Ortsende von Lana biegt man rechts ab zu dem von Obstspalieren flankierten Unterackpfeif. Die durchgehend asphaltierte Strecke endete an einer Landstraße, auf die man links abbiegt und der man folgt, bis sie auf die SP 159 stößt. Diese Straße, eine Alternativstrecke für Radler, führt auf dem schnellsten Wege von Lana nach **Nals** 12 › S. 113, das – von Norden her kommend – erste Dorf an der **Südtiroler Weinstraße**. Inmitten der Weinberge lockt z. B. die **Kellerei Nals-Margreid** mit edlen Tropfen und neuer Architektur zur Verkostung.

UNTERWEGS IM MERANER LAND

MERAN 1 ⭐ 6 📙 F4

Das Burggrafenamt, wie seit alters die Gegend um die Kurstadt Meran (Merano, 40 000 Einw.) genannt wird, war bereits lange vor Beginn unserer Zeitrechnung besiedelt. Zu Bedeutung gelangte Meran aber erst durch die Grafen von Tirol aus dem Vinschgau: Nach langem Kampf mit den Eppanern um die Vorherrschaft im Land gelang es ihnen im 13. Jh.

schließlich, Meran zur Hauptstadt von Tirol zu erheben. Doch die Herrlichkeit dauerte nur ein Jahrhundert – nach der Abdankung der Fürstin Margarethe fiel das »Fürstentum der Grafschaft Tyrol« an die Habsburger, und die Zeit Merans als mächtige Hauptstadt Tirols endete. Die Residenz wurde nach Innsbruck verlegt. Meran fiel zurück in die Provinzialität.

Erst als 1843 Erzherzog Franz Joseph, der spätere Kaiser, mit seinem Bruder Ferdinand hier zu Gast war, erlebte die Kleinstadt einen erneuten Aufschwung: Der Hof folgte Seiner Majestät, der Geldadel zog nach, und so wurde Meran um die Jahrhundertwende wieder berühmt, diesmal in der halben Welt. Damals kam die Hautevolee zu Trauben-, Milch- und Molkekuren hierher. Seit 1971 kann man sich im Thermalzentrum gesund baden. Die Kurstadt am Zusammenfluss von Etsch und Passer inmitten einer herrlichen Landschaft verzaubert heute wie damals ihre Besucher.

Das Kurhaus ist der Mittelpunkt des gesellschaftlichen Lebens in Meran

ALTSTADT

Ältester Stadtteil ist Steinach mit eng verwinkelten Gassen, die vom **Passeirer Tor** – einem der drei noch erhaltenen Stadttore – zum Pfarrplatz führen. An seiner Nordseite steht die mächtige Pfarrkirche **St. Nikolaus** Ⓐ ▐ b1, deren Turm mit seinem achteckigen Helm von 1617 das Stadtbild dominiert. 1367 ist als Weihejahr des Chors bezeugt, das Langhaus erhielt sein Gewölbe aber erst im 15. Jh. An der plastisch reich verzierten Südfront fällt neben den beiden spätgotischen Portalen eine lebensgroße Steinskulptur des hl. Nikolaus (um 1350) auf. Die ersten beiden Glasfenster stammen noch aus dem 15. Jh. Gleich hinter der Pfarrkirche birgt die gotische **Barbarakapelle,** ein zwigeschossiger achteckiger Zentralbau aus dem 15. Jh. einen Flügelaltar aus dem Rheinland.

Nebenan im barocken **Palais Mamming Museum** Ⓑ ▐ b1 vermitteln die Exponate der städtischen Sammlungen einen guten Überblick von der Vor- und Frühgeschichte bis heute (April–Dez. Di–Sa 10.30–17, So, Fei 10.30 bis 13 Uhr, Tel. 04 73 27 00 38, www. palaismamming.it, .

Vom Pfarrplatz führt die lange **Laubengasse** 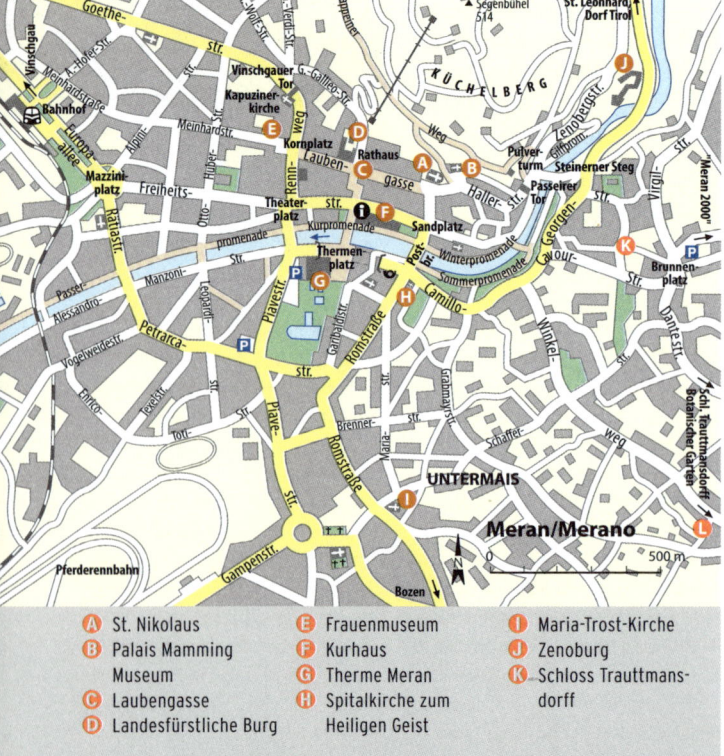C b1 westlich zum Kornplatz. Die Fußgängerzone mit ihren Arkaden – den »Wasserlauben« links zur Passer hin, den »Berglauben« rechts – ist die Hauptgeschäftsstraße der Altstadt. Ihre Anlage geht auf Graf Meinhard II. zurück. Die Häuser verfügen teils noch über alte Treppenhäuser und lauschige Innenhöfe.

Nicht weit davon steht die **Landesfürstliche Burg** D b1, eher ein Schlösschen aus dem 15. Jh. Es diente nicht der Verteidigung, sondern als Stadtresidenz der Tiroler Landesfürsten. Die teilweise noch original eingerichteten Räumlichkeiten und eine Musikinstrumentensammlung, können besichtigt werden (Ostern–Dez. Di-Sa 10.30 bis 17, So, Fei 10.30–13 Uhr).

Das **Frauenmuseum** E b1, das am Kornplatz im ehemaligen, 1309 errichteten Klarissenkloster beheimatet ist, betrachtet die Kulturgeschichte aus weiblicher Perspektive. Alltagsgegenstände und Mode spiegeln das Frauenbild der vergangenen 200 Jahre (Mo–Fr 10–17, Sa 10 bis 12.30 Uhr, Tel. 04 73 23 12 16, www.museia.it).

A St. Nikolaus
B Palais Mamming Museum
C Laubengasse
D Landesfürstliche Burg
E Frauenmuseum
F Kurhaus
G Therme Meran
H Spitalkirche zum Heiligen Geist
I Maria-Trost-Kirche
J Zenoburg
K Schloss Trauttmansdorff

Im Nordwesten der Altstadt steht das wappengeschmückte **Vinschgauer Tor** 🔳 b1, daneben die im 18. Jh. barock umgestaltete **Kapuzinerkirche.**

KURZENTRUM, THERME UND SPITALKIRCHE

Im **Kurhaus** 🟠 🔳 b1/2 mit dem großen Kursaal spielt sich Merans gesellschaftliches Leben ab. Der 1914 eröffnete und vorbildlich restaurierte Saal ist ein Jugendstiljuwel und im Alpenraum ohne Vergleich. Dem Wiener Sezessionsstil zuzuordnen ist das Meraner **Stadttheater.**

Einen modernen Kontrast dazu setzt die 2005 eröffnete **Therme Meran** 🟢 🔳 b2. Der architektonisch gelungene Kubus aus Stahl und Glas liegt in einem herrlichen Park und beherbergt eine über 7000 m² große Wellnesslandschaft mit Pools, Saunen und Fitnessbereich (tgl. 9–22 Uhr, Tel. 04 73 25 20 00, www. termemerano.it).

An der Postbrücke, ein paar Hundert Meter die Passer aufwärts, hat der Verkehr seine Spuren an dem reich skulptierten Hauptportal der **Spitalkirche zum Heiligen Geist** 🟠 🔳 b2 hinterlassen. Der dreischiffige Innenraum des 1431 geweihten Gotteshauses ist dagegen eine Oase der Stille.

STADTVIERTEL UNTERMAIS

Auf der Romstraße kommt man direkt zur **Maria-Trost-Kirche** 🟠 🔳 b3. Im Kern romanisch, später mehrfach umgebaut, bewahrt sie das byzantinisch beeinflusste Fresko »Der Tod Mariens« (12. Jh.). In

Untermais liegt auch die berühmte **Pferderennbahn** 🔳 a3 von Meran, auf der hochdotierte Rennen, aber auch Folkloreveranstaltungen stattfinden.

PROMENADEN 🔳 b/c2

Was wäre Meran ohne seine berühmten Promenaden, die sich beiderseits der Passer und an den Hängen des Küchelbergs (Seilbahn) entlangziehen: **Kur-, Sommer-** und **Winterpromenade.** Von der Kurpromenade führt der sogenannte **Sissi-Weg** vorbei am Kurhaus, an Jugendstilbauten und Schlössern zu den Gärten von Trauttmannsdorff. Vom Steinernen Steg zieht sich die sonnige **Gilfpromenade** 🔳 c-1 hinauf zur Zenoburg. Schönste Promenade Merans ist wohl der **Tappeiner Weg,** der die sonnige Südflanke des Küchelbergs (514 m) quert. Von subtropischer Flora gesäumt, bietet er stimmungsvolle Ausblicke auf die Stadt und den Meraner Talkessel.

Die **Zenoburg** 🟠 🔳 c1 krönt einen abrupt zur Passer abfallenden Felssporn. Von der wehrhaften Anlage, die um 1288 zur zweiten Residenz der Tiroler Fürsten ausgebaut wurde, blieb neben dem Bergfried und ein paar Mauerfragmenten die zweigeschossige Kapelle mit skulptiertem Portal erhalten.

VILLENVIERTEL OBERMAIS

Das an idyllischen Winkeln reiche, durch die vielen Weinpergolen und Obstgärten aufgelockerte Siedlungsbild wird von Villen, Schlössern und Ansitzen geprägt. Viele beherbergen Gastronomie und Hotellerie. Mittelpunkt ist der Brunnenplatz, der zu Fuß vom Zentrum über die Cavourstraße in 15 Min. erreicht ist. In seiner Nachbarschaft erhebt sich Schloss Knillenberg, ein im Wesentlichen aus dem 17. Jh. stammender Gebäudekomplex mit Türmchen, Hauben und Loggien.

SCHLOSS TRAUTTMANSDORFF Ⓚ

Die Attraktion der Schlossanlage aus dem 15. Jh. am Hang gegenüber von Obermais ist der herrliche **Botanische Garten:** 80 Gartenlandschaften mit Südtiroler und mediterraner Flora, Sonnen-, Wasser- und Waldgärten, Reisterrassen und japanischen Magnolien, Sukkulenten- und Kakteenhügeln u. v. m.

Das **Touriseum** im Schloss dokumentiert in 20 Räumen die Geschichte des Tiroler und Südtiroler Tourismus (April–Mitte Okt. tgl. 9–19, Juni–Aug. Fr bis 23, Mitte bis Ende Okt. tgl. bis 18, Anf.–Mitte Nov. bis 17 Uhr. Tel. 04 73 25 56 20, www.trauttmansdorff.it).

SEGENBÜHEL 📖 b/c1

Die Südkuppe des Küchelbergs, Merans Hausberg (514 m), ist zu Fuß auf dem Tiroler Steig (45 Min.) und mit dem Sessellift (Talstation gegenüber der Landesfürstlichen Burg) in wenigen Minuten zu erreichen.

INFO

Kurverwaltung Meran
• Freiheitsstr. 45
  39012 Meran
  Tel. 04 73 27 20 00
  www.merano-suedtirol.it

VERKEHRSMITTEL

• **Parken:** Großes Parkhaus unter der Therme Meran, 2 Min. zur Altstadt. Parkhäuser beim Marconipark und an der Galileistraße.
• **Bahnverbindung:** Nach Bozen mit Anschluss an die Brennerlinie. Vinschger Bahn ins Vinschgau.
• **Busverbindungen:** Linienbusse in alle Orte der Umgebung. Während der Saison tgl. Rundfahrten (Dolomiten, Gardasee usw.).
• **Seilschwebebahnen:** Hochmuter (Dorf Tirol), Küchelberg, Obertaser (Schenna), Meran 2000 (Skigebiet); mehrere Gondelbahnen und Sessellifte.

HOTELS

Imperial Art Hotel €€€
Die 11 Zimmer und das Apartment dieses zentral gelegenen Designhotels wurden individuell von Künstlern gestaltet.
• Freiheitsstr. 110
  Meran
  Tel. 04 73 23 71 72
  www.imperialart.it

Ansitz Platitscherhof €€–€€€
Zu einem feinen Spa- und Gourmethotel umgestaltetes Anwesen im Villenviertel von Meran.
• Dantestr. 56
  Meran
  Tel. 04 73 50 52 13
  www.plantischerhof.com

Eremita Einsiedler €€
Das Hotel mit Hallenbad, Sauna und Solarium liegt außerhalb des Stadtzentrums; toller Ausblick.
• Naif Weg 29 | Meran
  Tel. 04 73 23 21 91
  www.einsiedler.com

Hotel Therme Meran €€
Schickes komfortables Hotel direkt an der Therme, eingerichtet vom Bozener Stararchitekten Matteo Thun.
• Thermenplatz 1 | Meran
  Tel. 04 73 25 90 00
  www.hotelthermemeran.it

Schloss Rubein €€
Bezauberndes Hotel in einem Schloss aus dem 12. Jh., umgeben von einem großen Park mit Freibad. Ein Gedicht ist das opulente Frühstück.
• Theodor Christomannosstr. 38
  Meran | Tel. 04 73 23 18 94
  www.rubein.com

RESTAURANTS

Sissi €€€
Einfallsreiche (Sterne-)Küche, regional und mediterran inspiriert. Mo geschl.
• Galileistr. 44 | Meran
  Tel. 04 73 23 10 62
  www.andreafenoglio.com

Bistro 7 €€
Beliebte Ganztages-Location mit flotter Bistroküche und leckeren Cocktails.
• Laubengasse 232 | Meran
  Tel. 04 73 21 06 36
  www.bistro-sieben.it

Fino €€
Kaffeehaus, Bistro und Restaurant – das stylische Fino im Boutiquehotel Aurora ist von früh bis spät eine gute Adresse mit frischen, regionalen Produkten.
• Passeierpromenade 38 | Meran
  Tel. 04 73 21 18 00 | www.fino.bz

NIGHTLIFE

Im Keller des Kurhauses bietet das **Theater in der Altstadt** eine Bühne für Eigenproduktionen, Gastspiele, Musik und Kabarett (Tel. 04 73 21 16 23, www.tida.it) .

Mitte Aug.– Mitte Sept. finden die **Musikwochen** im Kursaal statt (Tel. 04 73 21 25 20, www.meranofestival.com).

SHOPPING

Südtiroler Kunsthandwerk und Modeartikel sind beliebte Mitbringsel. Zu empfehlen sind auch Südtiroler Weine und Speck. Für den Weineinkauf ist die Enoteca von **Claudia Catlacin** (Piazza del Duomo 13) Merans beste Adresse. Besondere Weine wie den Chardonnay Goldegg gibt es in der Önothek der **Meraner Kellerei** (St. Markus Str. 11).

DORF TIROL 2 ■ F4

Nördlich von Meran liegt zwischen Weinbergen und Obstgärten das **Dorf Tirol** (Tirolo, 594 m), ein viel besuchter Ferienort. Hauptattraktion ist das gleichnamige Stammschloss des Hauses Tirol.

Wer die Umgebung erkunden möchte, hat reiche Auswahl. Bis zum Hochmuter (1423 m) gelangt man bequem mit der Seilbahn; viel begangene Wege führen westlich zur Leiteralm (1522 m) und zum Hochganghaus (1839 m, 1¾ Std.), nördlich ins Spronsertal.

Schloss Tirol (647 m), thront majestätisch über dem Meraner Talkessel. Es wurde um die Mitte des 12. Jhs. wohl auf den Fundamenten eines frühmittelalterlichen Klosters errichtet und später als Residenz der Landesfürsten ausgebaut. Als diese 1420 nach Innsbruck umzogen, verfiel das Schloss allmählich.

Inzwischen aufwendig restauriert, werden die Räumlichkeiten vom **Südtiroler Landesmuseum für Kultur- und Landesgeschichte** genutzt. Der Rundgang durch die Burg führt von den Anfängen des Landes Tirol bis in die Gegenwart, besonderes Augenmerk widmet die Ausstellung der Blütezeit der Residenz, Gesellschaft und Alltag im Mittelalter (Mitte März–Mitte Dez. Di–So 10–17, Aug. bis 18 Uhr, Tel. 04 73 22 02 21, www.schlosstirol.it).

Die Hauptburg mit Bergfried, Palas und Wirtschaftsgebäuden gruppiert sich um den weiten Hof. Die romanischen Portale (um 1160) zum unteren Saal des Südpalastes (Kaisersaal) und zur Kapelle sind reich skulptiert auf. Am Kapelleneingang entdeckt man die älteste erhaltene Darstellung des Tiroler Adlers (13. Jh.). Die zunächst eingeschossige Kapelle wird im 12. Jh.

aufgestockt. Sowohl untere als auch obere Kapelle sind mit zarten gotischen Fresken bemalt.

Der steile Fußweg vom Dorf zum Schloss Tirol führt durch das **Knappenloch,** einen 80 m langen Tunnel durch den Berg.

Die neogotische **Brunnenburg** (Anf. 20. Jh.) am Hang unterhalb vom Schloss steht Besuchern als **Landwirtschaftsmuseum** und **Ezra-Pound-Gedenkstätte** offen. Der US-amerikanische Dichter schrieb hier 1958–62 an seinen »Cantos« (April–Okt. So–Do 10–17 Uhr, Tel. 04 73 92 35 33, www.brunnenburg. net).

Von Schloss Tirol führt ein bequemer Abstieg nach **Gratsch** (Quarazze, 380 m), vorbei am Kirchlein St. Peter mit gotischen Fresken sowie an Schloss Thurnstein (Restaurant). Nach Meran › S. 100 führt der Trappeiner Weg.

Einige Passagen des Meraner Höhenwegs bieten die Chance zum Durchschnaufen

INFO

Tourismusverein
- Hauptstr. 31 | 39019 Dorf Tirol
  Tel. 04 73 92 33 14
  www.merano-suedtirol.it

HOTEL/RESTAURANT

Castel €€€
Das elegante 5-Sterne-Hotel besitzt nicht nur eine exquisite Wellnessoase, sondern auch das 2-Sterne-Restaurant »Trenkerstube«.
- Keschtngasse 18 | Dorf Tirol
  Tel. 04 73 92 36 93
  www.hotel-castel.com

MARLING 3 ▮ E/F4

Wie Algund und Tirol gehört Marling (Marlengo, 363 m) zum touristischen Einzugsgebiet Merans. Wenige Kilometer südlich von Marling, ragt **Schloss Lebenberg** oberhalb des Marlinger Waals empor. Die aufs 13. Jh. zurückgehende und im 18. Jh. erweiterte Anlage befindet sich in Privatbesitz, kann aber besichtigt werden (April–Okt. Mo–Sa 10.30–12.30, 14–16.30 Uhr).

PARTSCHINS 4 ▮ E4

Der Ferienort Partschins (642 m) liegt etwas abseits der Durchgangsstraße im Etschtal, an der Mündung des Zieltals. Hier wurde 1822 Peter Mitterhofer geboren, der als Erfinder der Schreibmaschine gilt. In dem ihm gewidmeten **Schreibmaschinenmuseum Peter Mitterhofer** sind wertvolle Stücke von 1864 bis 1980 ausgestellt (Kirchplatz 10, April–Okt. Mo 14–18, Di–Fr 10–12,

14–18, Sa 10–12, sonst nur Di 10 bis 12 Uhr, Tel. 04 73 96 75 81, www.schreibmaschinenmuseum.com).

Bezaubernd schön ist der **Partschinser Waalweg,** der vom Ortsteil Vertigen aus dem alten Bewässerungskanal (Waal) durch einen Laubwald folgt und in der Nähe des 97 m hohen Partschinser Wasserfalls endet (Gehzeit ca. 4 Std.).

Von Partschins aus bringt die **Texelbahn** in ihren Panoramagondeln Ausflügler direkt hinauf in den Naturpark Texelgruppe und zum Meraner Höhenweg.

INFO

Tourismusverein Partschins, Rabland, Töll
- Spaureggstr. 10 | 39020 Partschins
  Tel. 04 73 96 71 57 | www.partschins.com

NATURPARK TEXELGRUPPE 5 ▮ D3–F4

Der Naturpark Texelgruppe mit seiner hochalpinen Flora und Fauna um den gleichnamigen Gebirgsstock im Norden von Meran umfasst eine Fläche von etwa 33 430 ha. Das Schutzgebiet liegt zwischen dem Etschtal im Süden, dem Schnalstal im Westen, dem Passeiertal im Osten und dem Alpenhauptkamm im Norden. Es umfasst auch die nordwärts an die Texelgruppe anschließenden Ötztaler Alpen mit dem Schnalser und dem Gurgler Kamm sowie einen kleinen Teil der Stubaier Alpen. Höchste Erhebung der Texelgruppe ist das Roteck mit 3337 m, ein weiterer bekannter Gipfel ist die Texelspitze

(3318 m). Die Texelgruppe kann auf dem Meraner Höhenweg › S. 97 umwandert werden.

SCHENNA 6 ▮ F4

5 km nordöstlich von Meran liegt Schenna (Scena, 600 m) malerisch auf einer Anhöhe am Eingang ins Passeiertal. › mehr S. 15 Punkt 22 Den engen Ortskern überragen die Pfarrkirche (13./14. Jh.) und das **Schloss Schenna.** Nachdem Erzherzog Johann von Österreich das aufs 14. Jh. zurückgehende Schloss 1845 erworben hatte, baute er es aus. Das Schloss befindet sich heute in Privatbesitz des Grafen von Meran und ist bewohnt (nur mit Führung April–Okt. Mo 21, Di–Fr 10.30, 11.30, 14, 15 Uhr, www.schloss-schenna.com).

Das neogotische **Mausoleum** (1865) auf einem Geländesporn außerhalb des Ortes birgt die Grabstätten des Erzherzogs und seiner Gattin, der Ausseer Postmeisterstochter Anna Plochl, später Gräfin von Meran. Einen Besuch lohnt die romanische Rundkirche **St. Georgen** im Oberdorf, am Hang des Schennaer Berges, mit ihrem um 1400 entstandenen Freskenzyklus.

Im Hinterland von Schenna, den Ausläufern der Sarntaler Alpen, erschließen zwei Seilbahnen die Aussichtspunkte **Taser** (1445 m) und **Oberkirn** (1450 m). Ein leichter, markierter Höhenweg verbindet die beiden Bergstationen. Gelegenheit zur Einkehr bieten die **Streitweider Alm** (1560 m) und der **Weiler Videgg** (1536 m).

INFO
Tourismusverein
• Erzherzog Johann Platz 1d
  39017 Schenna | Tel. 04 73 94 56 69
  www.merano-suedtirol.it

HOTEL
Hohenwart €€€
Superiorhotel mit großzügigen, lichtdurchfluteten Zimmern und Suiten sowie einem angenehmen Wellness- und Beauty-Bereich.
• Verdinserstr. 5 | Schenna
  Tel. 04 73 94 44 00
  www.hohenwart.com

RESTAURANT
Wirtshaus Thurnerhof €€
Bodenständige Tiroler Küche in gemütlich-rustikalem Ambiente.
• Verdinserstr. 26 | Schenna
  Tel. 04 73 94 57 02
  www.thurnerhof-schenna.com

HAFLING 7 ▮ F4/5

Als Heimat der blondmähnigen Haflingerpferde, die heute hauptsächlich im Sarntal gezüchtet werden, ist das Dorf Hafling (Avelengo, 1290 m) am Nordrand des Tschögglberges bekannt. Früher beschwerlich mit einer klapprigen Seilbahn von Meran erreichbar, führt heute eine breite Straße hinauf zum Plateau. Ein Lift bringt Besucher in das weiträumige **Berg- und Wintersportgebiet Meran 2000** mit insgesamt 40 km Piste; neben den alten Bauernhäusern stehen moderne Chalets. Geblieben ist ein schönes Wanderrevier (Kabinenbahn von Falzleben).

Blick auf St. Leonhard im Passeiertal

INFO
Tourismusverein Hafling, Vöran, Meran 2000
• St. Kathreinstr. 2b | 39010 Hafling
Tel. 04 73 27 94 57
www.merano-suedtirol.it

PASSEIERTAL

ST. LEONHARD IN PASSEIER 8 ◫ F3

St. Leonhard (San Leonardo in Passiria, 693 m, 3400 Einw.) ist der Hauptort des Passeiertals. Dort zweigt die Straße zum **Jaufenpass** (2094 m, Skigebiet) ab, die eine Verbindung zur Brennerroute (40 km bis Sterzing) herstellt. Von der Scheitelhöhe genießt man eine weite Aussicht auf die Stubaier und Zillertaler Alpen. Schon in vorgeschichtlicher Zeit war St. Leonhard Etappenziel eines viel begangenen Handelswegs. Bei St. Leonhard gibt es einen herrlich gelegenen Golfplatz › S. 29 mit Golfakademie, au-

ßerdem ist der Ort ein guter Ausgangspunkt für Radtouren.

Das **Geburtshaus von Andreas Hofer** (1767–1810), der Sandwirt, ist heute ein beliebter Gasthof (Passeirerstr. 72, Tel. 04 73 65 61 43; €). Im Wirtschaftstrakt des Hofs erinnert das **Museum Passeier** mit seiner Dauerausstellung Helden & Hofer an den Freiheitshelden. Daneben gibt es eine Volkskundeabteilung und ein Freigelände mit Gebäuden aus dem 16. bis 19. Jh. (April–Okt. Di–So 10–18 Uhr, Aug./Sept. auch Mo, www.museum.passeier.it).

ST. MARTIN IN PASSEIER 9 ◫ F3

In St. Martin (San Martino in Passiria, 597 m) zeigt das kleine Heimatmuseum bäuerliche Kultur vergangener Zeiten.

Über dem Dorf liegt der stattliche **Schildhof Steinhaus** (1500). Zwölf dieser bäuerlichen Feudalsitze gibt es im Passeiertal, sie dienen heute zum Teil als Hotels.

Wallfahrtskirche »Zur schmerzhaften Muttergottes« in Riffian

Nur zur Fuß erreichbar, von der Schneeberger Brücke an der Timmelsjochstraße in 2 Std., ist das ehemalige **Knappendorf und Bergwerk St. Martin am Schneeberg** (2355 m). In einem Werksgebäude dokumentiert eine Ausstellung den Kampf Mensch gegen Berg, im Freien erschließt ein Lehrpfad das Erzrevier mit seinen Abraumhalden und Stollenmundlöchern sowie zurückgelassenem Arbeitsgerät (Mitte Juni–Mitte Okt. 8–18 Uhr, www.bergbaumuseum.it).

Beim Dorf **Moos in Passeier** (1007 m) mündet von Südwesten das **Pfelderer Tal**, ein guter Ausgangspunkt für Touren in den Naturpark Texelgruppe › S. 107.

RIFFIAN 10 F4

Den Wallfahrtsort Riffian umgeben Obst- und Weingärten. Das Ziel der meisten Besucher ist direkt neben der barocken Wallfahrtskirche die Friedhofskapelle mit Fresken im höfischen Stil (1400).

INFO

Tourismusverein Passeiertal
- Passeirerstr. 40
  39015 St. Leonhard in Passeier
  Tel. 04 73 65 61 88
  www.merano-suedtirol.it

HOTEL

Jägerhof €
Familienbetrieb mit regionaler Küche an der Straße zum Jaufenpass; im Sommer werden geführte Wanderungen angeboten.
- Walten 80
  St. Leonhard in Passeier
  Tel. 04 73 65 62 50
  www.jagerhof.net

RESTAURANT

Jausenstation Naserhof €
Almgaststätte mit Lammbraten vom Holzofen und Musikabenden. November bis Ostern geschl.
- 39010 St. Martin in Passeier
  Mobil-Tel. 34 89 33 47 00

LANA 11 F5

Auf dem Schwemmkegel des Falschauer Bachs, etwa 10 km südlich von Meran, liegt das Apfeldorf Südtirols (310 m, 8600 Einw.). Hier hat das **Obstbaumuseum** seinen idealen Standort (Larchgut, Brandiswaalweg 4, April/Mai, Juli bis Okt. Mo–Sa, Juni Mo–Fr 10 bis 17 Uhr, dt. Führungen mit Apfelverkostung April/Mai, Juli–Okt. Mo 14.30, Mi 10.30 Uhr, www.obstbaumuseum.it).

Ein Muss für jeden Kunstfreund ist ein Besuch der Pfarrkirche **Mariä Himmelfahrt von Niederlana.** Der einschiffige Bau (1485–1492) mit frei stehendem Turm zählt zu den schönsten spätgotischen Gotteshäusern des Landes und glänzt mit dem **Schnatterpeck-Altar** (1503–1511). Ungewöhnlich sind schon die Ausmaße des Hochaltars (Höhe 14 m), den Hans Schnatterpeck unter Mitwirkung des Schnitzers Bernhard Härpfer schuf. Die Flügelgemälde stammen von Hans Schäuffelin (Führungen Mitte April–Okt. Mo bis Sa 11 und 15 Uhr).

Lanas Hausberg ist der **Larchbühel** (1824 m), der mit Seilbahn und Sessellift erschlossen ist. Oben, hoch über dem Meraner Talkessel, eröffnet sich ein prächtiger Panoramablick etschaufwärts bis zu den Schweizer Grenzbergen, nach Osten bis in die Dolomiten, südlich bis zu den Höhen um Trient.

Ein hübscher Spaziergang führt von **Oberlana** in die Mündungsklamm des Ultentals; über der malerischen **Gaulschlucht** thront die 1271 erstmals urkundlich erwähnte Braunsburg. Ein Waalweg führt zum Kirchlein **St. Margarethen** mit einem Freskenzyklus aus der Zeit um 1215 und weiter zur Burgruine **Brandis** (13. Jh.).

INFO

Tourismusverein Lana und Umgebung
• Andreas-Hofer-Straße 9
  39011 Lana | Tel. 04 73 56 17 70
  www.merano-suedtirol.it

HOTEL

Vigilius Mountain Resort €€€
Nur mit der Seilbahn zu erreichen ist das von Matteo Thun entworfene Designhotel auf dem Vigiljoch, das sich harmonisch in die Natur einfügt. Mit Restaurant.
• Pawigl 43 | Vigiljoch | Lana
  Tel. 04 73 55 66 00 | www.vigilius.it

💬 ANDREAS HOFER – HELD ODER TOR?

Was den Schweizern ihr Wilhelm Tell, ist den Tirolern ihr Sandwirt Andreas Hofer (1767–1810). Ein aufrechter Mann, der zum Aufstand gegen die bayerische Herrschaft eher gedrängt wurde, als dass er ihn gewollt hätte. Zunächst schlug sich der Tiroler Gastwirt, Pferde- und Weinhändler mit seinen Freiheitskämpfern siegreich in der Berg-Isel-Schlacht. Sein Mut und Einsatz fand die schulterklopfende Anerkennung seiner Landsleute. Aber schließlich wurde er zur tragischen Figur. Aufgerieben zwischen Napoleon und der Koalition, war er letztendlich nur ein Bauer im großen europäischen Machtspiel. Er erkannte die Zeichen der Zeit nicht, zudem konnte er sich der Aufhetzung durch den unversöhnlichen Pater Joachim Haspinger nicht entziehen. Das sollte Andreas Hofer das Leben kosten: Nach bitteren und verlorenen Kämpfen im Passeiertal versteckte er sich auf der Pfandler Alm, wurde aber verraten, gefangen genommen und schließlich am 20. Februar 1810 in Mantua von französischen Grenadieren standrechtlich erschossen.

AUSFLUG NACH BURGSTALL

In Burgstall (Postal, 271 m), 3 km östlich von Lana, sind im einzigen **Wildmuseum** Südtirols rund 300 präparierte heimische Wild- und Vogelarten ausgestellt (April–Mitte Okt., Tel. 04 73 29 11 26).

ULTENTAL ▮ D6–F5

Dem Südtiroler Anspruch einer Region zwischen Rebbergen und Gletscherfirn wird das Ultental (Val d'Ultimo) spielend gerecht.

Das 30 km lange Alpental mit knapp 3000 Einwohnern steigt von seiner Mündung bei Lana bis zu den Gipfeln des Ortlermassivs auf 3000 m an. Das bis vor ein paar Jahrzehnten noch abgeschiedene Tal war bereits im 19. Jh. Ziel prominenter Touristen.

ST. PANKRAZ 12 ▮ E5

Das Mitterbad bei St. Pankraz (736 m, 11 km von Lana) galt um 1870 als das beliebteste in Deutschtirol. Zu den Besuchern von Lana zählte auch der junge Otto von Bismarck, der hier zwischen 1840 und 1843 kurte. Die Liaison zwischen ihm und der Tochter des Badwirts passte den Ultener Burschen überhaupt nicht; als »Stadtfrack aus der Fremd« wurde er bezeichnet.

Mit Mitterbad versank auch das Ultental in einen Dornröschenschlaf, bis Italiens großer Stromversorger ENEL die Energiereserven der Falschauer und ihrer Zuflüsse entdeckte. Das Ergebnis: ausgebaute Straßen, fünf Stauseen und Kraftwerksanlagen.

ULTEN 13 ▮ D6–E5

Zur Gemeinde Ulten gehören die Ortschaften St. Walburg, St. Nikolaus und St. Gertraud, die eine bescheidene touristische Infrastruktur aufgebaut haben. Das **Ultener Talmuseum** in St. Nikolaus (1256 m) veranschaulicht das bäuerliche Leben mithilfe einer beachtlichen Sammlung an Gerätschaften und Volkskunst (März/April So 10–12, 15–17, Mai–Okt. Di, Fr 11–12, 15 bis 17, So 10–12, 15–17 Uhr, Tel. 04 73 79 03 74).

Zwischen St. Walburg (1192 m) und St. Nikolaus soll das idyllische Skigebiet auf der **Schwemmalm** Wintergäste anziehen. Die Sommergäste finden auf den umliegenden Höhen schöne Wanderziele wie den Weiler Pawigl oder das Kirchlein St. Helena.

Die innerste Ortschaft des Ultentals, **St. Gertraud** (1512 m), beherbergt in der **Lahner Säge** eines der vier Besucherzentren für den Nationalpark Stilfser Joch und ist Ausgangspunkt für Wanderungen, u. a. zur Haselgruberhütte in 2467 m Höhe. Ein kurzer Spaziergang führt zu den Ultener Riesen, einer Gruppe von prächtigen Lärchen, deren Alter auf 2000 Jahre geschätzt wird. Taleinwärts kann man bis zum aufgestauten **Weißbrunnsee** (1870 m) weiterfahren.

INFO

Tourismusverein Ultental-Proveis
• St. Walburg 104
  39016 Ulten
  Tel. 04 73 79 53 87
  www.ultental-deutschnonsberg.info

HOTEL

Hotel St. Pankraz €€
Hübsch gelegenes Familienhotel mit Hallenbad.
- 39010 St. Pankraz im Ultental
  Tel. 04 73 78 71 80
  www.hotel-st-pankraz.com

RESTAURANT

Berggasthaus Knödlmoidl €
Bei einer Brotzeit, Knödelvariationen oder leckeren Mehlspeisen kann man sich am Seeufer erholen.
- Am Weißbrunner See
  39016 St. Getraud im Ultental
  Tel. 04 73 79 81 07

NALS 14 📖 F5/6

Nals (Nalles, 321 m) ist das erste Dorf an der **Südtiroler Weinstraße.** Weinkenner schätzen Nals wegen seiner feinen Rebsorten, die edle Tropfen ergeben und besonders nach einer Wanderung schmecken. Etwa durchs reizvolle Hinterland hinauf zu dem von Burgen umstellten **Prissian** (Prissiano, 617 m) und zum Kirchlein **St. Jakob ob Grissian** (839 m) mit romanischen und gotischen Fresken.

INFO

Tourismusverein
- Rathausplatz 1a | 39010 Nals
  Tel. 04 71 67 86 19
  www.merano-suedtirol.it

WEINGUT

Kellerei Nals-Margreid
Auf der Suche nach einem edlen Tropfen ist man bei diesem Erzeuger richtig, der Spitzenweine wie etwa den Weißburgunder Sirmlan produziert.
- Heiligenbergerweg 2 | Nals
  Tel. 04 71 67 86 26 | www.kellerei.it

Das Ultental bewahrt trotz Tourismus die Ruhe

DOLOMITEN

jeuf de Frea
Grödner Joch
passo Gardena

Willkommen im Land
der Ladiner

Die schroffen Kalkfelsen der Dolomiten, vor rund 200 Mio. Jahren aus Korallenriffen und Sedimentgestein eines Urmeers entstanden, sind ein Paradies für Aktivurlauber, sowohl für Wanderer, Bergsteiger als auch für Skifahrer.

Die Traumlandschaft zwischen Eisack und Piave wartet mit einer erstklassigen touristischen Infrastruktur auf. Zahlreiche Gondel- und Sesselbahnen sind Sommer wie Winter in Betrieb. Viele einst landwirtschaftlich geprägte Dörfer leben jetzt vom Fremdenverkehr.

Die rasante Entwicklung zeigt sich beispielhaft in Grödner Tal und Hochabteital, zwei der touristisch aktivsten Dolomitentäler. Die Dolomiten – seit 2009 UNESCO-Weltnaturerbe – sind ohne Zweifel eine beeindruckende Natur- und Kulturlandschaft geblieben, selbst da, wo sie hinter Hotelfassaden zu verschwinden drohen. Doch die Dolomiten gehören nicht vollständig zu Südtirol: So liegt der bekannte Wintersportort Cortina d'Ampezzo bereits in Venetien, während das Fassatal schon zum Trentino gehört. Nach Cortina führt von Bozen, dem Tor zu den Dolomiten, eine der berühmtesten Alpenstraßen: die Große Dolomitenstraße, bis heute eine Route der Superlative. Auf der rund 100 km langen Fahrt über mehrere Pässe genießt man die beeindruckenden Naturwunder. Allerdings windet sich an Sommertagen eine endlose Blechkarawane über die Serpentinen des Falzarego und Pordoi. Doch in manchem kleinen Seitental oder auf einer der abgelegenen Almen findet man zuweilen noch idyllische Ruhe.

TOUREN IN DER REGION

10

IM LAND DER GIPFELSTÜRMER

ROUTE: Grödner Tal ›
Hochabteital › Bruneck

KARTE: Seite 116

DAUER/LÄNGE: 1 Tag; 80 km
PRAKTISCHE HINWEISE:
• Gut ausgebaute Straße mit nur
  einem Pass (Grödner Joch).

TOUR-START:

Diese klassische Dolomitenroute führt durch zwei der bekanntesten Täler, das **Grödner Tal** und das **Hochabteital,** und damit durch das Kernland der Ladiner. Die Tour beginnt im Eisacktal bei Lajen und führt zunächst nach **St. Ulrich**  › S. 119, der Heimat von Luis Trenker. Der wahrscheinlich schönste Berg des Grödner Tals ist der Langkofel. Über die Wintersportorte **St. Christina** und **Wolkenstein** › S. 120 geht es hoch zum einzigen Pass auf dieser landschaftlich reizvollen Tagestour, dem **Grödner Joch** 2 › S. 120. Es lohnt sich auszusteigen und den Blick auf den Sellastock zu genießen. Die Passstraße verläuft auf der anderen Seite hinunter nach **Corvara** 3 › S. 120. Im Hauptort des Hochabteitals bieten sich zahlreiche Gasthöfe zur Einkehr an. Über **Stern** (La Villa) › S. 121 und **Pedraces** führt die Straße Richtung Kronplatz und Bruneck. Unterwegs liegt aber mit dem **Museum Ladin** bei **St. Martin in Thurn** › S. 121 ein weiteres Highlight an der Strecke, das man nicht versäumen sollte.

TOUR
11

DURCHS REICH DER BLEICHEN BERGE

ROUTE: Eggental › Karerpass › Fassatal › Pordoijoch › Falzaregopass › Cortina d'Ampezzo

KARTE: Seite 116
DAUER/LÄNGE: 1 Tag; 125 km
PRAKTISCHER HINWEIS:
• Serpentinenreiche Passstraße, die Freude am Fahren verlangt.

TOUR-START:
Die **Große Dolomitenstraße** verbindet einige der absoluten Highlights der grandiosen Bergwelt, an der Strecke liegt der **Rosengarten** › S. 122 am Ende des Eggentals mit seinen faszinierenden Felsformationen. Über den **Karerpass** (1745 m)

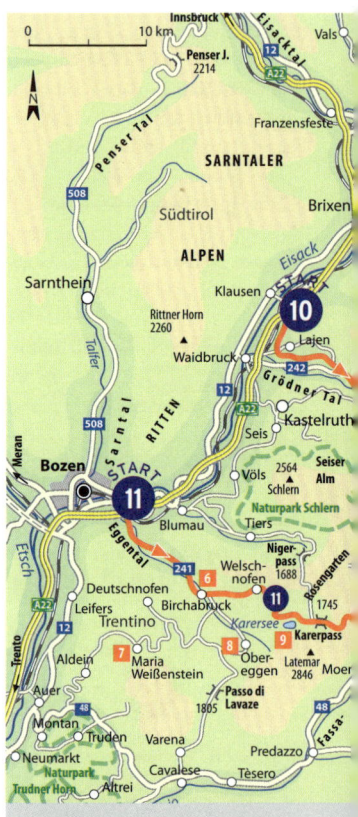

TOUREN IN DEN DOLOMITEN

TOUR 10

IM LAND DER GIPFELSTÜRMER

Grödner Tal › Hochabteital › Bruneck

geht es ins Trentino. Der **Karersee** **9** › S. 123 lohnt einen Stopp. Kurvenreicher wird es nach der Durchquerung des **Fassatals** mit den Wintersportorten **Campitello** und **Canazei** **11** › S. 124 auf der Südseite des Sellastocks. Von Canazei windet sich die Passstraße zum **Pordoijoch**

(2239 m). Bereits in Venetien liegt das Wintersportzentrum **Arabba**. Von hier führt die Straße fast eben um den im Ersten Weltkrieg hart umkämpften **Col di Lana** (2462 m) herum und bietet eine schöne Aussicht auf Pelmo (3168 m) und Civetta (3220 m). Bei der Straßenga-

TOUR 11

DURCHS REICH DER BLEICHEN BERGE

Eggental › Karerpass › Fassatal › Pordoijoch › Falzaregopass › Cortina d'Ampezzo

TOUR 12

DIE SELLA RONDA – VIER-PÄSSE-FAHRT

Corvara › Arabba › Canazei › Campitello › Wolkenstein

TOUR 13

AUF SCHUSTERS RAPPEN DURCH DIE BERGE

Wolkenstein › St. Kassian › Cortina d'Ampezzo › Lago Misurina

belung Cernadoi beginnt dann die Steigung hinauf zum **Passo di Falzarego** (2105 m). Die Serpentinenfahrt wird belohnt mit einer weiten Sicht, südwestlich auf die **Marmolada** › S. 124 und östlich bis zu den Dreitausendern der Ampezzaner Dolomiten. Auch die Abfahrt ins Tal nach **Cortina d'Ampezzo 13** › S. 124 ist einfach überwältigend: Rechts ragen Averau (2649 m) und die Zackenreihe der Croda da Lago (2715 m) empor, zur Linken die riesige Felsorgel der Tofana di Rozes (3225 m).

TOUR 12

DIE SELLA RONDA – VIER-PÄSSE-FAHRT

ROUTE: Corvara › Arabba › Canazei › Campitello › Wolkenstein › Corvara

---

KARTE: Seite 116
DAUER/LÄNGE: 1 Tag; 55 km
PRAKTISCHE HINWEISE:
- Die Sella Ronda kann unten im Tal und über die Pässe mit dem Auto und dem Bus gefahren werden.
- Mit Hilfe der Seil- und Sesselbahnen kann man den Sellastock im Sommer auch zu Fuß oder mit dem Mountainbike, im Winter auf Skiern oder per Snowbord in den oberen Regionen umrunden (40 km).
- Als Ausgangs- und Endpunkt der Tour kann jeder der genannten Orte gewählt werden.

TOUR-START:
Die Sella Ronda erhielt ihren Namen von der in der Mitte zwischen Grödner Tal, Hochabteital und Fassatal gelegenen **Sellagruppe,** einem der schönsten und eindrucksvollsten Bergmassive der Alpen. Die den Sellastock umgebenden Täler sind über vier bekannte Pässe verbunden – von Corvara aus sind dies im Uhrzeigersinn: **Passo di Campolongo, Pordoijoch, Sellajoch** und **Grödner Joch 2** › S. 120. Autofahrer erwarten entsprechend viele Serpentinen. Ski- und Snowboardfahrer müssen einkalkulieren, dass lange Schlangen an den Liften die Zeitplanung durcheinanderbringen können. Auf jeden Fall sollte, wer die Sella Ronda im Winter erkundet, morgens zeitig starten und zügig fahren.

Egal ob mit Auto oder per Wintersportgerät: Planen Sie auf jeden Fall genügend Zeit für ein gutes Fischgericht in der **Comici-Hütte** › S. 127 auf dem Sellajoch ein!

TOUR 13

AUF SCHUSTERS RAPPEN DURCH DIE BERGE

ROUTE: Wolkenstein › St. Kassian › Cortina d'Ampezzo › Lago Misurina

---

KARTE: Seite 116
DAUER: 5 Tage bei einer tgl. Gehzeit von 5–7 Std.

<table>
<tr><td>

PRAKTISCHE HINWEISE:
- Die Wanderung erfordert geeignete Ausrüstung und Kleidung sowie eine gute konditionelle Verfassung.
- Übernachtungsmöglichkeit in Hütten (Reservierung sinnvoll).

</td></tr>
</table>

TOUR-START:

Diese Wandertour kommt ohne Klettersteige oder schwierige Wegabschnitte aus. Dafür belohnt sie unterwegs mit herrlichen Berglandschaften und Gipfelausblicken sowie urigen Hütten – kurzum der ganzen Vielfalt der Dolomiten.

Die Strecke lässt sich an fünf Tagen in folgenden Etappen bewältigen: 1. Tag **Wolkenstein** › S. 120 bis Rifugio Puez, 2. Tag Rifugio Puez bis **St. Kassian** 5 › S. 121, 3. Tag St. Kassian bis Rifugio Lagazuoi, 4. Tag Rifugio Lagazuoi bis **Cortina d'Ampezzo** 13 › S. 124, 5. Tag Cortina d'Ampezzo bis **Lago Misurina** › S. 125.

UNTERWEGS IN DEN DOLOMITEN

ST. ULRICH 1 J5

Hinter der »Ladinischen Pforte« bei Pontives liegt der alte Hauptort des Grödner Tals St. Ulrich (ital.: Ortisei, ladin.: Urtischej, 1236 m) in Sichtweite des markanten **Langkofels** (3181 m). Bekannt geworden ist der Ort als Heimat von Luis Trenker (1892–1990), einer Legende als Bergsteiger, Autor und Regisseur von Berg- und Heimatfilmen, der sich allerdings auch von deutschen und italienischen Faschisten instrumentalisieren ließ.

Vor allem ist St. Ulrich wegen seiner Holzschnitzer über die Grenzen Südtirols hinaus berühmt. › mehr S. 12 Punkt 4 Schnitzereien und Gemälde einheimischer Künstler zeigt das **Museum Gherdëina** in der Cësa di Ladins, daneben vorgeschichtliche Funde, eine Spielzeug- und Mineraliensammlung sowie die Ladinische Bibliothek (Reziastr. 83, Tel. 04 71 79 68 70, Juli/Aug. Mo bis Fr 10–18, Mitte Mai–Juni, Sept. bis Mitte Okt. Mo–Fr 10–12.30 und 14–18, Jan.–März Mo–Fr 14 bis 18.30 Uhr).

Dass die Gegend schon in vorgeschichtlicher Zeit besiedelt war, bezeugt eine Fundstätte nur wenig oberhalb von St. Ulrich am **Col de Flam** (1438 m, 40 Min.). Von der Anhöhe wandert man bequem in ca. 30 Min. hinauf zum Kirchlein **St. Jakob** (1565 m), das Fresken eines Meisters der Brixner Schule (um 1470) birgt. Das große Dolomitenpanorama kann man am Steilabfall der **Seceda** nordöstlich über dem Tal (Seilbahn) genießen.

INFO

Tourismusverein St. Ulrich
- Reziastr. 1 | 39046 St. Ulrich
  Tel. 04 71 77 76 00 | www.valgardena.it

HOTEL

Arnaria €€

Hotel mit Freibad in ruhiger Ortsrandlage, Zimmer im Tiroler Stil.

- Arnaria 15 | St. Ulrich
  Tel. 04 71 79 66 49 | www.arnaria.com

RESTAURANT

Cercia €€

Angenehme Enoteca mit guter Auswahl an Südtiroler Weinen und Spezialitäten.

- Reziastr. 30 | St. Ulrich
  Mobil-Tel. 33 55 42 01 82

AUSFLUG ZUM GRÖDNER JOCH 2 ◗ K5

Noch mehr als St. Ulrich haben sich die Orte taleinwärts auf den Tourismus eingestellt. Chalets und Hotels bestimmen das Bild rund um **St. Christina** (Santa Cristina, 1428 m) und **Wolkenstein** (Selva, 1563 m). Seilbahnen und Lifte erschließen die Höhen und machen das Grödner Tal zu einem der Top-Wintersportorte der Alpen mit direktem Einstieg in die Sella Ronda.

💬 GARDENACARD

Im Sommer ermöglicht die GardenaCard (erhältlich bei Tourismusvereinen und in Hotels) die Benutzung von Bussen und der Grödener Seilbahnen 6 Tage lang für € 89 (3 Tage € 67). Im Preis inbegriffen ist die Mobilcard Südtirol, die für alle öffentlichen Verkehrsmittel Südtirols gilt.

Die harmonische Renaissanceanlage der **Fischburg** oberhalb von St. Christina ließ Dietrich von Wolkenstein im 17. Jh. erbauen (Privatbesitz, Besichtigung nicht möglich).

Hinter Wolkenstein beginnt die kurvige Strecke hoch zum **Grödner Joch** (2121 m), ein Abschnitt der Vier-Pässe-Fahrt › S. 118.

INFO

Tourismusverein Wolkenstein

- Str. Mëisules 213
  39048 Wolkenstein
  Tel. 04 71 77 79 00
  www.valgardena.it

HOCHABTEI/ABTEITAL

Hinter Kollfuschg (1645 m) liegt bei **Corvara** 3 ◗ K5 (Kurfar, 1555 m) das Hochabtei (ladin.: Alta Badia). Über dem lebhaften Ferienort und Wintersportplatz ragt der Sassongher (2665 m) in den Himmel.

Vom Ort **Pedratsches** (Pedraces, 1324 m) aus gelangt man mit dem Sessellift zur Wallfahrtskapelle Heiligkreuz unterhalb vom Heiligkreuzkofel (2907 m).

Bei **Pederoa** (1152 m) mündet von Osten das **Wengental,** ein noch fast unberührter Winkel Südtirols.

Grandios ist auch der **Naturpark Fanes-Sennes-Prags** 4 ◗ L4. Eine Straße führt von Zwischenwasser (1005 m) durch das Rautal bis Pederü (1540 m, Parkplatz). Die **Faneshütte** (2042 m) inmitten eines Wander- und Skitourengebiets ist dann nur zu Fuß oder per Jeep (Zubringerdienst) zu erreichen.

Holzköpfe für Puppen aus dem Grödnertal im Museum Ladin bei St. Martin

Einen Einblick in die ladinische Geschichte und Kultur gewährt das **Museum Ladin** im mittelalterlichen Schloss Ciastel de Tor bei **St. Martin in Thurn** 🔖 K4 im Abteital (Val Badia), in dem es außerdem ladinische Weiler zu sehen gibt (Torstr. 65, Juli/Aug. tgl. 10–18, So 14–18, April–Juni, Sept./Okt. Di–Sa 10–17, So 14–18, Jan.–März Do–Sa 15 bis 19 Uhr, Tel. 04 74 52 40 20, www. museumladin.it).

AUSFLUG INS ST.-KASSIAN-TAL

Am Eingang ins St.-Kassian-Tal liegt **Stern** (ital.: La Villa, ladin.: La Ila, 1483 m) 🔖 K5, alljährlich Austragungsort einer Weltcupriesenslaloms. › mehr S. 16 Punkt ㉖

Vom St.-Kassian-Tal aus erreicht man zu Fuß in etwa 2 Std. die **Große Fanesalpe** (2102 m). Dabei umwandert man den **Piz Cunturines** (3064 m). In einer Höhle an seiner Südflanke wurden 20 000 Jahre alte Bärenknochen entdeckt. Die Überreste des *Ursus spelaeus* sind neben eingien volkskundlichen Ausstellungsstücken im **Museo Ladin** in **St. Kassian** 5 🔖 L5 zu bewundern (Juli/Aug. tgl. 10–18, So 14–18, April–Juni, Sept./Okt. Di–Sa 10–17, So 14–18, Jan.–März Do–Sa 15 bis 19 Uhr, Tel. 04 74 52 40 20, www. museumladin.it).

INFO

Tourismusverband Alta Badia
• Col Alt 36 | 39033 Corvara
  Tel. 04 71 83 61 76
  www.altabadia.org

HOTELS

Hotel La Perla €€€
Romantikhotel im Barockstil mit Gourmetrestaurant La Stüa de Michil.
• Col Alt 105 | Corvara
  Tel. 04 71 83 10 00
  www.hotel-laperla.it

La Majun €€
Modernes Hotel mit heimeligen Zimmern im Dolomiten-Stil, schönem Wellnessbereich sowie einer Vinothek mit guten Südtiroler Tropfen.
• Strada Colz 59 | 39030 La Villa
  Tel. 04 71 84 70 30 | www.lamajun.it

RESTAURANTS

Club Moritzino €€−€€€
Ausgezeichnete Fisch- und Pastagerichte auf dem Hausberg von La Villa (in der Nähe der Bergstation der Gondelbahn).
• Piz La Villa | Tel. 04 71 84 74 03
  www.moritzino.it

St. Hubertus €€−€€€
Raffinierte regional-saisonale Sterneküche im Hotel Rosa Alpina.
• Strada Micurá de Rü 20
  39030 St. Kassian | Tel. 04 71 84 95 00
  www.rosalpina.it

EGGENTAL G6−H7

Von Bozen aus führt das Eggental zur Ferienregion Rosengarten-Latemar. Eine herrliche Szenerie entschädigt für das trostlos zubetonier-

te Talenge bei **Kardaun**. Gleich hinter dem Ort ragt auf einem steilen Felshügel hoch über dem Eingang zur Eggenschlucht die **Burg Karneid** auf (13./14. Jh.; Besichtigung nach Voranmeldung, Tel. 04 71 36 13 00).

Bei **Birchabruck** 6 H7 (Ponte Nova, 872 m) fällt der Blick auf die Felsmauer des sagenumwobenen Rosengartens – eines der beliebtesten Ziele für Wanderer, Kletterer und Skifahrer.

Am Rosengarten zweigt die Straße nach **Deutschnofen** G7 (Nova Ponente, 1359 m) ab. Das Dorf markiert den Nordrand des **Regglbergs**, der sich als Hochplateau mit schöner Aussicht südlich bis Aldein erstreckt.

Auf dem Regglberg liegt auch der Wallfahrtsort **Maria Weißenstein** 7 G7 (Madonna di Pietralba, 1520 m). Der Gebäudekomplex mit Kirche, Kloster, Exerzitien- und Kongresshaus beeindruckt allein durch seine Dimensionen. Von der Anlage genießt man einen zauberhaften Blick bis Ortler und Latemar (2846 m).

💬 **DER ROSENGARTEN**

Rosengarten J6/7 – ein Name, der in der großen Bergsteigergemeinde fast magischen Klang besitzt. Seit den Zeiten eines Tita Piaz oder Paul Preuß ist er ein Traumziel für Kletterer. Jeder Bozenbesucher kennt seine hell schimmernde, vielfach gebrochene Felsenmauer, die sich bei schönem Wetter mit der untergehenden Sonne gelb und rötlich verfärbt. Der Name Rosengarten taucht erstmals im 17. Jh. auf, sehr viel älter ist jedoch die Sage um König Laurin, die Geschichte von der Niederlage des Zwergenkönigs im Kampf gegen Dietrich von Bern. Laurins Fluch soll seinen blühenden Rosengarten in eine öde Steinwüste verwandelt haben. **> mehr S. 12 Punkt** 2

Am Westfuß der Dolomiten-
gruppe liegt in 1561 m Höhe
Obereggen 8 ▮ H7, der gute Wan-
der- und Wintersportmöglichkeiten
bietet. › mehr S. 16 Punkt 25

KARERSEE UND KARERPASS

Ein guter Stützpunkt für Touren
zum Rosengarten und ein beliebtes
Skigebiet ist **Welschnofen** (Nova
Levante, 1182 m). Der **Karersee** 9
▮ H7 mit den Türmen des Latemar-
stocks als Kulisse ist von hier nicht
weit entfernt.

Das unweit des Sess (1519 m) gelegene imposante, 1896 eröffnete
Grand Hotel Carezza war die Sommerfrische der Kaiserin Sissi, auf
deren Spuren man hier wandern
kann. Oben am **Karerpass** ▮ J7
(1745 m) verläuft die Grenze zum
Trentino, zum ladinischen Fassatal.

Unmittelbar vor der Passhöhe
zweigt links die **Rosengartenstra-
ße** ab. Sie führt am Westfuß der Do-
lomitengruppe entlang zum Niger-
pass (1688 m) und ins Tierser Tal.

INFO

Eggental Tourismus
• Dolomitenstr. 4
  39056 Welschnofen/Nova Levante
  Tel. 04 71 61 95 00
  www.eggental.com

HOTEL

Moseralm €€
Schönes Berghotel am Fuße des Rosengar-
tens. Idealer Ausgangsort zum Skifahren,
Wandern und Biken.
• Schönblickweg 81
  39056 Carezza | Tel. 04 71 61 21 71
  www.moseralm.it

FASSATAL ▮ J7–K6

Das zur Provinz Trentino gehören-
de Fassatal mit den Orten Pozza di
Fassa, Vigo di Fassa, Campitello di
Fassa, Canazei und Alba verfügt
über eine hervorragende touristische Infrastruktur.

Eine Fahrt mit der Seilbahn
von **Vigo di Fassa** 10 ▮ J7 hinauf

SÜDTIROLER MÄRKTE

• Der **Bozener Obstmarkt** ist einer
  der bekanntesten und buntesten
  Märkte Südtirols, aber auch eine
  Sehenswürdigkeit und Treffpunkt
  für Einheimische und Besucher
  (tgl. außer So) › S. 61.
• In den ungeraden Jahren werden
  auf dem **Kunst- und Keramik-
  markt** ▮ E4 in **Naturns** Arbeiten
  und neueste Trends von Künstlern und Kunsthandwerker aus
  ganz Europa präsentiert (1. Juni-
  wochende 2019 usw.).
• Auf der geschmückten Passerpro-
  menade vor der romantischen
  Kulisse des Kurhauses findet man
  auf dem **Weihnachtsmarkt** ▮ F4
  in **Meran** einheimische Handwerk-
  sprodukte und Leckereien (Ende
  Nov.–Anfang Jan.).
• Jeden Dienstag (Ende März bis
  Mitte Nov.) findet der **Bauern-
  markt** ▮ F7 am Marktplatz in
  Kaltern mit frischen Produkten
  direkt vom Bauern statt. Sei es
  Apfelsaft, Honig, Wein, Käse oder
  Süßes – es schmeckt!

nach Ciampediè (1998 m) rückt die Bergkulisse besonders schön ins Blickfeld. Oberhalb von Vigo (1382 m) steht außerdem die spätgotische Kirche Sent Ulana (1519) am Waldrand.

In San Giovanni bei Vigo befindet sich der Hauptsitz des **Museo Ladin de Fascia,** das zusammen mit mehreren Außenstellen einen ethnografischen Parcours durch die Kultur der Dolomitenladiner präsentiert (10. Juni–10. Sept. und 20. Dez. bis 6. Jan. tgl. 10–12.30, 15–19, sonst Di bis Sa 15–19 Uhr, Tel. 04 62/76 01 82, www.istladin.net).

Canazei 11 ▮ K6 (ladin.: Cianacèi, 1463 m) ist das touristische Zentrum des Fassatals. Seilbahnen und Straßen erschließen die Höhen der Umgebung, lediglich das unter Naturschutz stehende **Contrintal** muss man zu Fuß erkunden. Für eine Wanderung im Rifugio Contrin (2016 m) sind mindestens 2 Std. einzuplanen.

Am Talende zeigt sich das Dach der Dolomiten, die eisbedeckte **Marmolada** (3342 m) mit ihrem fast 3 km² großen Gletscher. Von Malga Ciapela führt eine Seilbahn bis knapp unter den Ostgipfel hinauf (Bergstation 3250 m). Bestiegen wird der Berg meist vom **Fedaia-Stausee** 12 ▮ K6 aus (gute Bergstraße über den Fedaiapass, 2056 m).

INFO

APT Val di Fassa
• Strèda Roma 36 | 38032 Canazei
  Tel. 04 62/60 95 00
  www.fassa.com

CORTINA D'AMPEZZO 13 ⭐ ▮ M5/6

Die Dreitausender Tofana, Pomagagnon, Cristallo, Sorapis sowie Croda da Lago bilden die **Conca d'Ampezzo,** die Traumkulisse um den Nobelort Cortina d'Ampezzo (1211 m, 6000 Einw.), der 1956 Schauplatz der VII. Olympischen Winterspiele war und regelmäßig Austragungsort von Weltcuprennen ist. Mittelpunkt des mondänen Städtchens mit seinen Boutiquen, Cafés, Restaurants und Hotels ist die Hauptstraße Corso Italia, die vom Turm der katholischen Pfarrkirche (18. Jh.) überragt wird.

In der wenige Schritte entfernten **Ciasa de ra Regoles** ist neben der **Collezione Rimoldi** mit zeitgenössischer Malerei das **Paläontologische Museum Rinaldo Zardini** mit einer geologisch-mineralogischen Sammlung sowie das **Völkerkundemuseum Regole d'Ampezzo** zu besichtigen (Corso Italia 69, Di–So 10.30 bis 12.30, 16–20 Uhr, Aug. tgl., Mitte Okt.–Mitte Dez. Gruppen, Tel. 04 36/22 06, www.musei.regole.it).

AUSFLÜGE AB CORTINA

Ganz in der Nähe des Olympiastadions im Norden von Cortina befindet sich die Talstation der großen Seilbahnkette auf die **Tofana di Mezzo** (3244 m). Ebenfalls mit Bergbahnen sind die Aussichtspunkte Faloria (2123 m), Forcella Staunies (2918 m) und Mietres (1710 m) zu erreichen.

Beeindruckendes Dolomitenpanorama am Misurinasee

Die Fahrt über den Passo Tre Croci (1805 m) zum **Misurinasee** (1745 m) beeindruckt mit großartigen Landschaftsbildern, besonders, wenn man sich Zeit für einen Ausflug zu den **Drei Zinnen** (2999 m) nimmt. Vom Endpunkt der 8 km langen Mautstraße wandert man in 40 Min. zum **Paternsattel** (2454 m).

Ein herrliches Panorama genießt man auch vom **Monte Piana** (Zufahrt, 6 km), der aufgrund seiner strategischen Bedeutung in der Dolomitenfront im Ersten Weltkrieg hart umkämpft war (historischer Rundweg). › mehr S. 12 Punkt ❺.

INFO

Fremdenverkehrsamt
• Via Majon 100
   32043 Cortina d'Ampezzo
   Tel. 04 37/52 36 42
   www.dolomiti.org

VERKEHRSMITTEL

• **Bus:** Verbindungen ab Toblach, Bozen, Pieve di Cadore, Auronzo, Misurina.

HOTELS

Bellevue Suites & Spa €€–€€€
Traditionsreiches 4-Sterne-Haus nur wenige Schritte von der Fußgängerzone.
• Corso Italia 197 | Cortina d'Ampezzo
   Tel. 04 36/88 34 00
   www.parkhotelfaloria.it

Menardi €€
Angenehmes Haus, gutes Restaurant.
• Via Majon 110 | Cortina d'Ampezzo
   Tel. 04 36/24 00
   www.hotelmenardi.it

RESTAURANTS

Tivoli €€€
Originell variierte italienische Küche. Mai/Juni und Okt./Nov. geschl.
• Via Lacedel 34 | Cortina d'Ampezzo
   Tel. 04 36/86 64 00
   www.ristorantetivoli.it

Leone & Anna €€
Skilehrer- und Promitreff mit ladinischen Schmankerln. Im Juni und Nov. geschl.
• Loc. Alverà 112 | Cortina d'Ampezzo
   Tel. 04 36/27 68
   www.leoneanna.it

💬 DOLOMITI – EXTREM UND EXTRAVAGANT

Spaß in den Dolomiten auf zwei Rädern ...

Die ladinischen Dörfer des Grödner und Gadertals haben sich zu einem perfekt gemanagten Sport-Dorado entwickelt, das auch jede Menge italienische Schickeria anzieht – Cortina d'Ampezzo ist nah! Zwischen Drei Zinnen, Langkofelscharte und Rosengarten werden Kletterkurse angeboten, die Mountainbike-Rallyes haben Kultstatus, einige Hütten ebenfalls.

KLETTERN VON SCHNUPPERN BIS EXTREM

Das Angebot der Alpinschulen in Sexten und St. Ulrich reicht vom Eisklettern bis zum Schnupperkletterkurs für Kinder. Besonders die Drei Zinnen an der Grenze zwischen Südtirol und Venetien sind ein internationaler Freeclimbertreff.

- **Alpinschule Sexten-Drei Zinnen** 📖 N4
  Dolomitenstr. 45 | 39030 Sexten
  Tel. 04 74 71 03 75
  www.alpinschule-dreizinnen.com
- **Alpinschule Catores** 📖 J5
  Kirchplatz | 39046 St. Ulrich
  Tel. 04 71 79 82 23 | www.catores.com

SUPERBIKE ALS HÄRTETEST

Mit Zahlung einer Anmeldegebühr, ärztlichem Fitnessattest und einem Mindestalter von 18 Jahren kann man einen der begehrten Startplätze beim härtesten Mountainbikerennen der Dolomiten, dem **Dolomiti Superbike,** ergattern, das alljährlich Mitte Juli ausgetragen wird und sogar zum Weltcup zählt. Für manchen Teilnehmer ist die abendliche Biker-Party das Größte. Wem 119,9 km − der Sieger benötigte 2014 vier Stunden und 38 Min. − bzw. 60 km Passstraßen an einem Tag zu viel sind, der kann es auch privat angehen. Zahlreiche Fahrradvermieter und Hotels bieten nicht nur Stahlrösser, sondern auch geführte Radtouren an.

Alljährlich im Mai fällt die Entscheidung beim zweitgrößten Radsportereignis der Welt, dem **Giro d'Italia,** auf den anspruchsvollen Dolomiten-Etappen. Sella, Pordoi oder Grödner Joch sind die steilen Pässe, die die Helden vor dem Etappenziel überwinden müssen.

INFOS

- **Dolomiti Superbike** 🔖 M3
  Von-Kurz-Platz 6 | 39039 Niederdorf
  Tel. 04 74 74 55 51
  www.dolomitisuperbike.com
- **Bike Hotels**
  Rund 40 Hotels haben sich speziell auf Bergradler eingestellt und bieten geführte Touren und Rad-Camps an.
  Tel. 04 74 83 00 00 | www.bikehotels.it

BUCH-TIPP:

Die rund 20 Mountainbikeführer des Meraner Fun Bike Verlags liefern detaillierte Tourenbeschreibungen (www.bikearena.it).

HÜTTENZAUBER GANZ HOCH DROBEN

Kultige Hütten, wo sich zwanglos urbane Italiener, abgekämpfte glückliche Alpinisten und feiernde Südtiroler mischen, gehören zu den Insiderattraktionen der Dolomiten.

Probieren Sie die vom Entdecker der Höhlenbärenknochen, Willy Costamoling, geleitete Ütia Punta Trieste (2038 m), kosten Sie in der Scotoni-Hütte Südtirols leckerstes Grillfleisch oder vor dem Rifugio Comici (2140 m) unter dem Langkofel Adriafisch. Achtung: Unbedingt vorher die Öffnungsmonate checken!

- **Ütia Punta Trieste** 🔖 K5
  Corvara | Tel. 04 71 83 66 43
  (Sessellift Pralongia von Planatsch/Wolkenstein)
- **Scotoni-Hütte** 🔖 L5
  Lagazuoi-Badia | Tel. 04 71 84 73 30
  (40 Min. von der Capanna Alpina oberhalb Armentarola/S. Cassiano)
- **Rifugio Comici** 🔖 J/K5
  Sella-Pass | Tel. 04 71 79 41 21
  (Seilbahn Piz Sella von Wolkenstein)
- **Club Moritzino**
  Piz La Villa | Tel. 04 71 84 74 03
  www.moritzino.it › S. 122

… und per pedes

SÜDTIROLS SÜDEN

Sehnsuchtsort vieler Wanderer ist
die Hütte auf dem Rittner Horn hoch
über dem Bozener Talkessel

Die stattlichen Weindörfer, schmucken Bauernhöfe und edlen Schlösser entlang der Südtiroler Weinstraße zwischen Nals und Salurn verraten, dass man in Südtirols sonnenverwöhntem Süden schon immer gut lebte.

Einige der bekanntesten Weinorte sind Eppan mit der Burg Hocheppan, Kaltern mit dem Weinmuseum und dem beliebten Freizeitziel Kalterer See oder das schmucke Tramin. Als Kontrastprogramm bietet sich ein Besuch von Schloss Sigmundskron mit Messners Mountain Museum und von Schloss Runkelstein, Bozens schönster Burganlage, an. Auch eine Fahrt in das reizvolle, teilweise noch bäuerlich geprägte Sarntal oder zum Ritten mit den nahe gelegenen Erdpyramiden ist unbedingt empfehlenswert.

Im Überetsch finden sich herrliche Wanderreviere, beispielsweise am Mendelkamm (1363 m; Standseilbahn von Kaltern aus). Neben Wanderern kommen in Südtirols Süden besonders Radfahrer auf ihre Kosten – besonders schön radelt man zwischen den Weinhügeln um Eppan und im Unterland.

Historische Mauern, pulsierendes Leben und südländisches Ambiente – die Südtiroler Hauptstadt Bozen ist sicher eine der lebenswertesten Städte Italiens. Im alten Bozen mit seinen berühmten Lauben und dem Obstmarkt – einem einzigen Augen- und Gaumenschmaus – spürt man schon einen Hauch mediterraner Leichtigkeit.

TOUREN IN DER REGION

TOUR 14

DURCH DAS SÜDTIROLER UNTERLAND

ROUTE: Bozen › Schloss Sigmundskron › Hocheppan › Kaltern › Tramin › Kurtatsch › Salurn › Neumarkt › Bozen

KARTE: Seite 131

DAUER/LÄNGE: 1 Tag; 70 km
PRAKTISCHE HINWEISE:
- Autofahrer, die unterwegs Weine verkosten möchten, sollten die erlaubte Promillegrenze von 0,5 beachten.
- Die Tour kann bei Übernachtung in einem der Schlosshotels auf 2 Tage verlängert werden.

TOUR-START:

Diese Runde von Bozen durch das Unterland führt auf der Südtiroler

Weinstraße in südlicher Richtung nach Salurn und von dort wieder nach Norden an der Etsch entlang und zurück nach Bozen. Neben Weinbergen und -gütern liegen vor allem eindrucksvolle Burgen und Schlösser an der Route – einige davon wurden zu Hotels umgebaut. Den Auftakt der Burgen bildet **Schloss Sigmundskron** **7** › S. 140 mit dem **Messner Mountain Museum**. Durch das Überetsch geht es dann von Weindorf zu Weindorf, erste Station ist Eppan. Die **Burg Hocheppan** › S. 140, eine halb verfallene, aber eindrucksvolle Ritterburg, kann man bequem zu Fuß erreichen. Feinschmecker kehren in St. Michael-Eppan im Restaurant Zur Rose ein. Bei **Kaltern** **10** › S. 142 verführt der gleichnamige See zu einem erfrischenden Bad und das Seerestaurant zu einer Pause. Für Weinfreunde ist das Südtiroler Weinmuseum ein Muss. Über die schmucken **Weindörfer Tramin** **11** › S. 143, **Kurtatsch** **12** › S. 144 und **Margreid** **13** › S. 145 geht es weiter nach **Salurn** ◀ F9 (Salorno, 224 m), dem südlichsten Ort Südtirols. An der Strecke lässt sich in dem einen oder anderen bekannten Weingut – St. Michael, Hofstätter, Lageder – ganz wunderbar Wein einkaufen.

Auf der Rückfahrt nach Bozen lädt **Neumarkt** **14** › S. 145 mit seiner autofreien Altstadt zu einem Bummel und zur Einkehr in eines der gemütlichen Gasthäuser ein. Über **Auer** **15** › S. 146 – inmitten von Obstgärten gelegen – führt die Tour eher unspektakulär zurück nach **Bozen** **1** › S. 132.

AUF DEM ETSCHRADWEG

ROUTE: Bozen › Neumarkt › Salurn
KARTE: Seite 131
DAUER/LÄNGE: 1 Tag; 70 km
PRAKTISCHE HINWEISE:
- Gut ausgebaute Radwege mit geringen Steigungen und nur unmerklichem Gefälle.
- Räder kann man mieten beim Fahrradverleih der Stadt Bozen (Bahnhofsallee) oder bei Passepartour (nahe Walther-Platz, www.passepartour.com, auch geführte Touren).
- Für die Rückfahrt von Salurn nach Bozen empfiehlt sich die Fahrt mit dem Zug.

TOUR-START:
Diese Radtour führt von Bozen an der Etsch südwärts, immer vorbei an Obstwiesen und Weinbergen. Entlang des Flussdamms geht es auf zwar verkehrsfreien, aber asphaltierten Wegen mühelos durch das breite Etschtal, das von hohen Bergen gerahmt wird. Von **Auer** **15** › S. 146 radelt man gemächlich auf der sanft abfallenden Strecke weiter bis nach **Neumarkt** **14** › S. 145. Dort lohnt ein Bummel durch den hübsch restaurierten mittelalterlichen Stadtkern. Die zahlreichen Gasthäuser in Neumarkt fordern außerdem zu einer ausgiebigen Einkehr auf. Gestärkt geht es dann zur **Salurner Klause** an der Grenze zwischen der

vorwiegend deutschsprachigen Provinz Südtirol und der italischensprachigen Provinz Trentino. Hier kann man die stattlichen Häuser aus Renaissance und Barock bewundern. Von Salurn 🚂 F9 am Ende der Südtiroler Weinstraße, verkehren regelmäßig Züge zurück nach Bozen (Fahrzeit ca. 30 Min.).

WICHTIGE ADRESSE

Verein Südtiroler Weinstraße

Infos zu Unterkünften, Führungen durch Kellereien, Weinverkostungen und anderen Veranstaltungen.

- Pillhofstrasse 1
  39057 Frangart-Eppan
  Tel. 04 71 86 06 59
  www.suedtiroler-weinstrasse.it

TOUREN IN SÜDTIROLS SÜDEN

TOUR 14

DURCH DAS SÜDTIROLER UNTERLAND

Bozen > Schloss Sigmundskron > Hocheppan > Kaltern > Tramin > Kurtatsch > Salurn > Neumarkt > Auer > Bozen

TOUR 15

AUF DEM ETSCHRADWEG

Bozen > Neumarkt > Salurn

UNTERWEGS IN SÜDTIROLS SÜDEN

BOZEN 1 G6

Die Landeshauptstadt (ital. Bolzano, 266 m, 107 000 Einw.) ist endgültig aufgewacht. Lange galt sie verschlafen, doch nun blüht dank der noch jungen Universität das studentische Nachtleben in der Alpenmetropole mit dem schwül-heißen Klima. Das neue Bozen ist stolz auf seine schicken Edelboutiquen und eine multikulturelle Szene.

IN DER ALTSTADT

Den Stadtrundgang beginnt man am besten auf dem **Walther-Platz** A c2 unweit des Bahnhofs. Auf der Piazza thront die Marmorstatue des Dichters und Minnesän-

gers Walther von der Vogelweide (Heinrich Natter, 1889).

An der Südwestseite des Platzes steht die Stadtpfarrkirche, seit 1964 auch **Dom** B c2. Mit ihrem spätgotischen Turm erinnert sie an süddeutsche Münsterbauten – nicht ohne Grund, war es doch der Schwabe Hans von Schussenried, der zwischen 1501 und 1519 den Turmaufsatz errichtete. Begonnen wurde der Bau bereits Ende des 13. Jh.; zwischen 1380 und 1420 entstand der lichte Umgangschor. Das Hauptportal an der Westseite wurde 1499 von lombardischen Steinmetzen erneuert und erhielt eine Vorhalle mit zwei Säulen tragenden Löwen.

Zahlreiche Gemüsehändler bieten ihre Ware auf dem Bozner Obstmarkt feil

---

💬 **AUFSTEIGER BOZEN**

Historisch gesehen ist Bozen eher ein Emporkömmling. Hauptstadt Südtirols erst seit der Teilung Tirols (1919) und Bischofssitz seit 1964, war die Stadt durch die verkehrsgünstige Lage am Brenner- und Reschenweg als Handelsstadt zwar früh zu Wohlstand gekommen, stand aber politisch stets im Schatten von Meran und später von Innsbruck. Doch zum Millennium zeigte Bozen neues Selbstbewusstsein: eigener Flughafen, eigene Uni, eigenes Opernhaus.

Die Besiedlung im Raum Bozen lässt sich bis ins 1. Jt. v. Chr. zurückverfolgen, auch eine römische Militärstation »Pons Drusi« ist um 15 v. Chr. verbürgt. Nach der Völkerwanderung ließen sich in der Gegend um Bozen die Bajuwaren nieder; im 7. Jh. wurde »Castellum Bauzanum« als Residenz eines bajuwarischen Grenzgrafen erwähnt. 1363 fiel Bauzanum mit dem restlichen Tirol Österreich zu. Seit dem Mittelalter blüht der Handel, begünstigt von Bozens Verkehrslage am Zusammenfluss von Talfer, Eisack und Etsch.

Ein schöner Spaziergang führt vom Walther-Platz über den Kornplatz mit dem freskenverzierten Waaghaus in die berühmten **Laubengasse** ▌ c1/2, das merkantile Herz des alten Bozen. Die schmalen Fassaden entlang der kospsteingepflasterten Fußgängerzone verraten den mittelalterlichen Ursprung der Geschäftshäuser aus dem 17./18. Jh. In den Sälen des **Merkantilpalastes** Ⓒ ▌ c2 erfahren Besucher mehr über die erfolgreiche Handelstätigkeit der europaweit bestens vernetzten Bozner Familie Menz im 18. und 19. Jh. (Laubengasse 39, Mo–Sa 10 bis 12.30 Uhr). Für Gaumenfreuden sorgt am anderen, westlichen Ende der Lauben der **Obstmarkt** Ⓓ ▌ b/c1 der bereits Goethe beeindruckte. Mit seinem mediterranen Flair und reichen Angebot ist er ein Muss für jeden Bozenbesucher. Im Osten mündet die Laubengasse in den Rathausplatz.

Auch die nach Norden aus der Altstadt hinausführende Bindergasse ist Fußgängern vorbehalten. Das **Naturmuseum Südtirol** Ⓔ im ehemaligen Amtshaus Kaiser Maximilians I. informiert über die Geologie und in Südtirol und die verschiedenen Lebensräume vom Talboden bis zu den Almen im Hochgebirge (Bindergasse 1, Di–So 10–18 Uhr, www.naturmuseum.it).

Die gotische Deutschordenskirche **St. Georg in Weggenstein** Ⓕ ▌ c1, ein zierlicher Bau (um 1400), birgt im einschiffigen Innenraum Totenschilde mit Wappen und Grabplatten von Landkomturen des 16.–18. Jh.

Romanischen Kernbestand hat das um 1300 veränderte Kirchlein **St. Johann im Dorf** Ⓖ ▌ c1, ein Beispiel für den Typus der Bozner Chorturmkirchen. Den Innenraum schmückt ein Freskenzyklus aus dem 14. Jh.

Über die Vintlerstraße sind es nur ein paar Schritte zum **Franziskanerkloster** ⓗ ▯ c1. Im Kreuzgang, um 1350 entstanden und im 15. Jh. eingewölbt, plätschert ein Brunnen, und man kann die herrlichen Fresken in Ruhe genießen. Im lichten, hohen Chor (Mitte 14. Jh.) im Stil der Bettelordensarchitektur steht eine besondere Kostbarkeit: der spätgotische Weihnachtsaltar, ein Werk des Brixner Meisters Hans Klocker (um 1500).

Auch der Dominikanerorden hatte in Bozen seit dem 13. Jh. eine Niederlassung. Die **Dominikanerkirche** ⓘ ▯ b2 und der Kreuzgang sind gotisch, herausragend die von Giotto beeinflussten Fresken in der Johanneskapelle (1330–1340).

Wie stark Südtirol von der Gotik geprägt wurde, belegen auch viele Exponate des **Stadtmuseums** ⓙ ▯ b1/2 (Sparkassenstr. 14, Tel. 04 71 99 79 60, Di–So 10–18 Uhr).

Besuchermagnet Nummer eins ist der jungsteinzeitliche Gletschermann »Ötzi«, der im **Südtiroler Archäologiemuseum** ⓚ ▯ b1/2 seine endgültige Ruhestätte fand. Originalfunde und Rekonstruktionen dokumentieren seine Lebenswelt (Museumstr. 43, Juli/Aug., Dez. tgl. 10–18, sonst Di–So 10–18 Uhr, www.iceman.it).

Das **Museion – Museum für moderne und zeitgenössische Kunst** ⓛ ▯ b2 widmet sich in Wechselausstellungen ganz dem 20. und 21. Jh. Auch die offen gestaltete, futuristisch wirkende Architektur ist interessant (Dantestr. 6, Di–So 10–18, Do bis 22 Uhr, www.museion.it).

Längs der Talfer lässt es sich auf den Dammkronen, der Grieser und der Bozner Wassermauerpromenade herrlich flanieren, z. B. zum **Schloss Maretsch** ⓜ ▯ b1. Die von Weingärten umgebene, mittelalterlich anmutende Anlage mit ihren vier Ecktürmen und dem massigen Bergfried stammt im Wesentlichen aus dem 16. Jh. Sie dient heute als Kongress- und Tagungszentrum.

WESTLICH DER TALFERBRÜCKE

Jenseits der Talferbrücke markiert das **Siegesdenkmal** ⓝ ▯ a1, ein mächtiger, unter Mussolini 1928 aufgestellter Triumphbogen, den Beginn es von den Faschisten geplanten Stadtzentrums. Im Innern vertieft die **Dokumentationsausstellung BZ 18–45** den Blick auf die Jahre zweier Diktaturen 1918 bis 1945 in Südtirol und die Geschichte des Denkmals (April bis Sept. Di/Mi, Fr–So 11–13, 14–17, Do 15–21, sonst Di–Sa 10.30–12.30, 14.30 bis 16.30, So 10.30–12, 15–17 Uhr, www.siegesdenkmal.com).

Die Fortsetzung der Freiheitsstraße führt nach Gries. Nicht nur Kunstfreunde steuern den mächtigen Gebäudekomplex des **Benediktinerstifts Muri-Gries** ⓞ an. Die Stiftskirche schmücken Deckenfresken (1771–1773) von Martin Knoller mit Darstellungen aus dem Leben des hl. Augustinus. Gefragt sind die Weine des Benediktinerstifts, besonders der Lagrein Kretzer und der Dunkle Lagrein (Grieser Platz 21, Tel. 04 71 28 22 87, www.muri-gries.com).

Etwas höher zum Hang hin steht die **Alte Pfarrkirche** ℗ von Gries, urkundlich erstmals 1141 erwähnt, später gotisch umgebaut. Innen kann man den gotischen Flügelaltar der Marienkrönung (1471–1475) von Michael Pacher bewundern – wohl das bedeutendste, leider nicht mehr vollständig erhaltene Werk seiner Art in Südtirol. In den ausdrucksstarken Schreinfiguren und dem reichen Faltenwurf stellt Pacher seine ganze Meisterschaft unter Beweis. Die 15 Gemälde auf der Rückseite des Schreins mit Szenen aus dem Leben Jesu stammen von einem unbekannten Künstler und

datieren um 1480 (April–Okt. Mo bis Fr 10–12, 14.30 bis 16 Uhr).

INFO

Verkehrsamt der Stadt Bozen

Die Gästekarte Bolzano Bozen Card, die im Zimmerpreis vieler Hotels und anderer Partnerbetriebe enthalten ist, gewährt 7 Tage freien Eintritt in neun Bozener und 80 Südtiroler Museen, freie Fahrt mit den öffentlichen Verkehrsmitteln des Südtiroler Verkehrsverbundes, eine geführte Wanderung in den Südtiroler Naturparks, eine Stadtführung.

• Südtiroler Str. 60 | 39100 Bozen
Tel. 04 71 30 70 00
www.bolzano-bozen.it

Ⓐ Walther-Platz
Ⓑ Dom
Ⓒ Merkantilpalast
Ⓓ Obstmarkt
Ⓔ Naturmuseum
Ⓕ St. Georg
Ⓖ St. Johann im Dorf
Ⓗ Franziskanerkloster
Ⓘ Dominikanerkirche
Ⓙ Stadtmuseum
Ⓚ Archäologiemuseum
Ⓛ Museion
Ⓜ Schloss Maretsch
Ⓝ Siegesdenkmal
Ⓞ Benediktinerstift Muri-Gries
Ⓟ Alte Pfarrkirche

VERKEHRSMITTEL

- **Parken:** Große Parkgarage unter dem Walther-Platz; Parkplatz beim Schloss Maretsch, 5 Min. zur Altstadt.
- **Flughafen:** Bolzano-Dolomiti, Tel. 04 71 25 52 55, www.abd-airport.it
- **Busverbindungen:** mit allen Orten der Umgebung. Während der Saison tgl. Rundfahrten (Dolomiten, Überetsch, Gardasee usw.).
- **Bahnverbindungen:** Stazione FS, Tel. 04 71 31 33 11. Direkt nach Innsbruck, Meran, Brixen und Trient.
- **Seilschwebebahnen:** Jenesien (1087 m), Ritten (1220 m) und Kohlerer Berg (1136 m).
- **Fahrrad:** Bahnhofsallee, Leihfahrräder von Mitte April–Mitte Okt.

HOTELS

Greif €€€
33 von Künstlern gestaltete Zimmer hinter historischer Fassade.
- Walther-Platz | Bozen
  Tel. 04 71 31 80 00 | www.greif.it

Parkhotel Laurin €€€
Das erste Haus am Platz mit schönem Park; und Jugendstilrestaurant t.
- Laurinstr. 4 | Bozen
  Tel. 04 71 31 10 00 | www.laurin.it

Stadthotel Città €€
Zentrales Stadthotel mit Wellness- und Fitnessbereich.
- Walther-Platz 21 | Bozen
  Tel. 04 71 97 52 21 | www.hotelcitta.info

RESTAURANTS

Zur Kaiserkron €€–€€€
Hervorragende mediterrane Küche mit regionalen Einflüssen in einem herrlichen Barockpalais.

- Musterplatz 2 | Bozen
  Tel. 04 71 98 02 14
  www.zurkaiserkron.com

Fink €€
In der gemütlichen Gaststube kommen schmackhafte regionale und italienische Gerichte auf den Tisch.
- Mustergasse 9 | Bozen
  Tel. 04 71 97 50 47
  www.fink-restaurant.it

Wirtshaus Vögele €€
Traditionsreiche Adresse für typische Tiroler Spezialitäten – dazu urgemütlich.
- Goethestr. 3 | Bozen
  Tel. 04 71 97 39 38 | www.voegele.it

Hopfen & Co. €–€€
Gasthof mit eigener Brauerei, solider deftiger Kost und Kulturprogramm.
- Obstplatz 17 | Bozen
  Tel. 04 71 30 07 88| www.boznerbier.it

Fischbänke €
Vor allem zum Aperitivo ist die Outdoorlocation ein beliebter Treffpunkt.
- Dr.-Streiter-Gasse 28 | Bozen

NIGHTLIFE

Kleinkunsttheater Carambolage
Gute Adresse für einen vergnüglichen Abend bei Theater, Musik oder Kabarett.
- Silbergasse 19 | Bozen
  Tel. 04 71 98 17 90
  www.carambolage.org

Vereinigte Bühnen Bozen
Schimmernd weißer Musentempel für Schauspiel, Oper und Musical.
- Verdiplatz 40 | Bozen
  Tel. 04 71 06 53 20
  www.theater-bozen.it

EINKAUFSTRENDS IN BOZEN

Die Bozner Laubengasse schützt Einkäufer vor Wind und Wetter

Mit dem wachsenden Wohlstand der Südtiroler Hauptstadt hat auch die Bozner City ihr kommerzielles Outfit geliftet. Statt touristischem Alpenkram wird in den Boutiquen unter den Lauben trendige italienische Mode von Prada bis Fendi verkauft. Die neuesten Möbel-, Küchen- und Lampenideen aus Mailand und Rom sind hier präsent. Italienisches Design, Delikatessen und dazwischen ein Schuss barocke Lodenromantik – dieser Stilmix macht Bozen zu einem der verlockendsten Einkaufsziele Italiens.

DIE BESTEN SHOPPING-ADRESSEN

- **Südtiroler Werkstätten** 📕 c1/2
  Hochwertige Glasmalerei, Handarbeiten, Keramik und Schnitzereien.
  Lauben 39 | Bozen | Tel. 04 71 97 85 90
  www.werkstaetten.it

- **Bruschi** 📕 b1
  Zwei Etagen für Schuhträume der führenden Hersteller Italiens.
  Museumstr. 13 | Bozen
  Tel. 04 71 97 82 66

- **Palais Moirée** 📕 b/c1
  Ausgewählte Mode unterschiedlicher Designer in elegantem Ambiente.
  Obstplatz 9 | Bozen | Tel. 04 71 32 45 80
  www.moirefashion.com

- **Principe** 📕 b2
  Fundgrube für topaktuelle No-name-Schuhe und klingende Marken.
  Goethestr. 1 | Bozen | Tel. 04 71 97 84 90

- **Metzgerei Bergdorf-Feinkost** 📕 c1
  Engagiertes Feinkostgeschäft.
  Dr.-Streiter-Gasse 2 | Bozen
  Tel. 04 71 30 14 06

- **Thuniversum** 📕 G6
  Keramik, Kachelöfen und kitschfreies Südtiroler Kunsthandwerk.
  Galvanistr. 29 | Bozen
  Tel. 04 71 24 52 55

Naturwunder: Erdpyramiden am Ritten

Waltherhaus
Hier finden regelmäßig Theater, Kabarett und andere Kulturveranstaltungen statt.
• Schlernstr. 1 | Bozen
Tel. 04 71 31 92 00
www.waltherhaus.org

JENESIEN 2 📖 G5/6

Das Bauerndorf Jenesien (San Genesio Atesino, 1087 m) am Südrand des **Salten** war früher nur über eine Seilbahn (Talstation Sarntaler Straße) mit dem Bozner Talkessel verbunden. Anders als der benachbarte Ritten ist der Salten ein erfreulich verkehrsarmes Wanderrevier mit intaktem Wald- und Almgebiet. Beliebtes Ausflugsziel auf dem Höhenrücken ist das romanische Kirchlein **St. Jakob auf der Langfenn** (1527 m; 2 Std. von Jenesien).

SCHLOSS RUNKELSTEIN 3 📖 G6

Bozens schönste Burg thront auf einem schroffen Felsen (361 m) am Ausgang der Talferschlucht. Ab 1237 erbaut, erlebte die Feste ein wechselvolles Schicksal: eine Pulverexplosion (1520), eine Feuersbrunst (1672) und der Einsturz einer Mauer nach Sprengung beim Bau der Sarntaler Straße. Restauriert wurde der kostbare **Freskenschmuck** im Westpalast und im Sommerhaus. Die Bilder aus der ritterlichen Sagenwelt und Szenen aus dem Leben des Adels sind den Bozner Gebrüdern Vintler zu verdanken (Di–So 10–18, Winter bis 17 Uhr, Führung in deutscher Sprache 15 Uhr, www.runkelstein.info).

Der Besuch von Runkelstein lässt sich gut mit einem Spaziergang über die **Oswaldpromenade** verbinden: Zwischen dem höchsten Punkt der Promenade und St. Magdalena (382 m) fällt der Blick auf den **Rosengarten** › S. 122.

RITTEN 4 📖 G/H6

Rund 1000 m über dem Talkessel von Bozen erstreckt sich das weite Hochplateau des Ritten (Renon) mit dem Rittner Horn (2260 m). Schon im 16. Jh. errichteten die Bozner Patrizier hier die ersten Sommerhäuser, › mehr S. 12 Punkt ❼

Das nostalgische Rittner Schmalspurbähnchen zuckelt zwar noch immer von Oberbozen nach Klobenstein, eine neuere Seilbahn schwebt vom Bozner Vorort Rentsch (302 m) in luftige Höhen, doch das Gros der Besucher kommt über die breite Straße auf den Ritten. Besonders außerhalb der Saison – im Frühling oder im Herbst – entfaltet der Ritten auf den Wanderwegen zwischen Lengmoos (1164 m), Bad Süß (1430 m) und Oberinn (1300 m) seinen ganzen Zauber.

Hauptort des Ritten ist **Klobenstein** 5 H6 (Collalbo, 1154 m), 19 km von Bozen und Endstation der Rittner Bahn. Wie in **Oberbozen** (1221 m) und in **Mariä Himmelfahrt** (1192 m) entdeckt man auch hier vorwiegend aus dem 17./18. Jh. stammende Sommerhäuser reicher Bozner Familien. Im Hof der Kommende (Deutschordenshaus) in Lengmoos bei Klobenstein finden alljährlich Ende Juli bis Mitte August die **Rittner Sommerspiele** mit Theater und Konzerten statt (Tel. 04 71 35 61 00, www.rittnersommerspiele.com).

Ein Naturwunder sind die bis zu 30 m hohen **Erdpyramiden** im Graben des Finsterbachs, unterhalb der Straße nach Lengstein (970 m): ein ganzer Wald von schlanken, aus dem Moränenschutt erodierten Türmen. Überall dort, wo ein größerer Stein den Unterbau schützt, wachsen diese bizarren Erdformen, die man am Hang über dem Katzenbach auch von der Rittner Seilbahn aus sehen kann.

INFO

Tourismusverein Ritten
• Dorfstr. 5 | 39054 Klobenstein
  Tel. 04 71 35 61 00 | www.ritten.com

RESTAURANT

Ebnicher €€
In diesem Buschenschank genießt man einen tollen Ausblick bei typischem Vernatsch und Blauburgunder.
• Am Grumeregg 6
  39059 Oberbozen
  Tel. 04 71 97 82 64

💬 MESSNERS BERGMUSEEN

2006 wurde in Schloss Sigmundskron das **Messner Mountain Museum Firmian** › **S. 140** eröffnet, das die Beziehung von Mensch und Berg in Szene setzt. Die Wege, Treppen, Türme führen die Besucher aus der Tiefe der Gebirge, wo Entstehung und Ausbeutung der Berge nachvollziehbar werden sollen, über die religiöse Bedeutung der Gipfel als Orientierungshilfe und Brücke zum Jenseits, bis zur Geschichte des Bergsteigens und zum alpinen Tourismus unserer Tage. Firmian ist nach dem MMM **Juval** › **S. 92** (Naturns), **Dolomites** (Monte Rite) und **Ortles** › **S. 90** (Sulden) das vierte der sechs Bergmuseen. 2011 wurde das MMM **Ripa** › **S. 73** auf Schloss Bruneck mit Exponaten aus der Alltagskultur verschiedener Bergvölker eröffnet, als letztes 2015 das MMM **Corones** auf dem Kronplatz › **S. 74**. Info: MMM Firmian, Schloss Sigmundskron, Sigmundskronerstr. 53, 39100 Bozen, 3. So im März–2. So im Nov. Fr–Mi 10–18 Uhr, Tel. 04 71 63 12 64, www.messner-mountain-museum.it.

SARNTAL ▮ G4/5

Das ebenso weitläufige wie abwechslungsreiche Wander- und Ausflugsgebiet Sarntal (Valle Sarentina) steht heute großteils unter Naturschutz. Moderne Zweckarchitektur findet sich kaum, auch nur wenige Wintersportanlagen, dafür viele alte Bauernhöfe und so manches historische Gasthaus. Eine mächtige Porphyrschlucht riegelt den Eingang zum Sarntal ab, und die Straße übers Penser Joch gibt es auch erst seit den 1930er-Jahren.

Hauptort der Talschaft ist Sarnthein 6 ▮ G4 (Sarentino, 961 m, 6300 Einw.), mit über 300 km² die größte Gemeinde Südtirols, bei den Einheimischen schlicht »das Dorf« genannt. Im eng gebauten Kern stehen noch mehrere Häuser, die auf das 14. Jh. zurückgehen; aus gotischer Zeit stammen auch die Fresken in der Kirche St. Cyprian.

Ein fast unversehrtes Idyll mit klarem Gebirgssee (15 km) bietet das innere Durnholzer Tal.

SCHLOSS SIGMUNDSKRON 7 ▮ G6

945 als Burg Formicaria erstmals erwähnt, wurde die weitläufige Anlage im 15. Jh. vom Tiroler Herzog Sigmund dem Münzreichen zu einer modernen Festung gegen die Venezianer aus- und von Reinhold Messner zu einem Bergmuseum umgebaut › S. 139. Die Festung ist ein wichtiges politisches Symbol für die Südtiroler: 1957 fand hier unter Silvius Magnagos Führung die größte Protestkundgebung in der Geschichte Südtirols statt. Über 30 000 Menschen versammelten sich in der Burg, um gegen die Nichteinhaltung des Pariser Abkommens zu protestieren, die Loslösung von Trient und die Freiheit für Südtirol zu fordern.

📺 HOCHEPPAN 11 UND DIE STREITBAREN EPPANER

Burg Hocheppan, einst Stammsitz der Eppaner, die im Kampf um die Vorherrschaft im Land schließlich den Grafen von Tirol unterlagen, ist noch heute eine markante Silhouette im Überetsch. Die Ritterburg ist bequem auf einem guten Fußweg zu erreichen, sodass man in der Burgschenke die Jause und ein Gläschen Wein nicht völlig ermattet genießen muss. Dabei werden alte Ritterzeiten wieder lebendig. Die alte Ritterburg ist nicht nur der Höhepunkt auf dem Eppaner Burgenweg, sondern auch ein kunsthistorisches Highlight. Die 1131 geweihte Kapelle, die neben dem fünfeckigen Bergfried zum Kernbestand der Feste gehört, bewahrt gut erhaltene romanische Fresken. Der um 1200 entstandene Zyklus schildert Leben und Passion Christi. Amüsant sind einige volksnahe Details: So entdeckt man neben den Jungfrauen an der Südwand eine Magd beim Knödelessen – die älteste Darstellung der Tiroler Nationalspeise (Burg und Burgschänke Do–Di 10–18 Uhr, Okt. auch Mi., abends auf Anfrag, Tel. 0471 63 60 81, www.hocheppan.it)

EPPAN 📱 F6

Mit dem Ort **Girlan** F/G6 (Cornaiano, 434 m) beginnt die Kette der Weindörfer im Überetsch. Girlan gehört zur Großgemeinde **Eppan** (Appiano), die den nördlichen Teil des Überetsch umfasst.

Verwaltungssitz ist **Sankt Michael** 8 📱 F6 (San Michele, 411 m, 4400 Einw.) ein malerischer Ort inmitten der Weinberge am Fuß des Mendelkamms. Um den Ortskern gruppiert sich bergseits eine Reihe von stattlichen Ansitzen und Schlössern, größtenteils Bauten im Überetscher Stil, einer gelungenen Verbindung von Elementen der ausklingenden Gotik und der italienischen Renaissance. Ein einprägsames Beispiel ist der Ansitz **Thalegg** an der Straße nach St. Pauls.

Das zum Hotel umfunktionierte **Schloss Englar** zeigt spätgotische Formen, das benachbarte **Gandegg** ist ein richtiges Renaissanceschloss. Im Landsitz **Moos-Schulthaus** ist das Museum für mittelalterliche Wohnkultur untergebracht (Mo geschl., Tel. 04 71 66 01 39).

Die barocke **Gleifkapelle** (555 m; Fußweg, 20 Min. von St. Michael) ist ein besonders schöner Aussichtspunkt. Im Norden ragt der mächtige Kirchturm von **St. Pauls** (San Paolo, 394 m) mit seiner zu groß geratenen Zwiebelhaube 80 m hoch in den Himmel.

BURGENDREIECK

Hinter St. Pauls, an den Hängen über **Missian** 9 📱 F6 bilden die Schlösser Korb, Boymont und Hocheppan › S. 140 das Burgendreieck des Überetsch: **Korb** ist heute Luxusherberge, echte Burgenromantik bietet **Schloss Boymont** (13. Jh.; 20 Min. Fußweg), heute eine Ruine (Burgschenke). Die Eppaner Burgen verbindet ein gut markierter **Burgenweg**.

INFO

Tourismusverein
- Rathausplatz 1 | 39057 Eppan
  Tel. 04 71 66 22 06 | www.eppan.net

VERKEHR

- **Bus:** Verbindungen nach Bozen, Mendelpass, Kaltern, Tramin, Neumarkt u. a.

HOTELS

Schloss Korb €€€
Stilvoller Komfort hinter prächtigen alten Mauern, umgeben von Weinbergen. Exzellentes Restaurant, toller Blick.
- Hocheppanerweg 5
  Eppan
  Tel. 04 71 63 60 00
  www.schloss-hotel-korb.com

Schloss Englar €€
Herrliches Anwesen in großem Park mit elf individuell gestalteten Zimmern.
- Pigeno 42 | Eppan
  Tel. 04 71 66 26 28
  www.schloss-englar.it

Landgasthof Bad Turmbach €–€€
Bäuerliches Ambiente, familienfreundlich; Freibad und Gartenrestaurant (Spezialität: frische Forellen).
- Turmbachweg 4
  Eppan
  Tel. 04 71 66 23 39
  www.turmbach.com

RESTAURANT

Zur Rose €€€

Spitzengastronomie in einem alten Gasthof; serviert wird kreative Südtiroler Sterneküche von Herbert Hintner, dazu gibt es erstklassige Weine. So, Mo mittags geschl.

EXZELLENTE WEINGÜTER

- Einer der meistgelobten und besten Kellermeister Italiens ist der Önologe Celestino Lucin von der **Stiftskellerei Neustift** › S. 59.
- Baron Salvadori heißen die Spitzengewächse der **Kellerei Nals-Margreid** › S. 113.
- Auf dem Ansitz **Löwengang** keltert der Topwinzer Alois Lageder dynamisch-biologisch › S. 145.
- Rainer Loacker vom **Loacker Schwarhof** in Bozen gilt als Pionier des Bioweinbaus (Sankt Justina 3, Bozen, Tel. 04 71 36 51 25, www.loacker.net).
- Die **Kellerei St. Michael-Eppan** G6 ist für ausgezeichnete Weißweine wie den Sauvignon Sanct Valentin berühmt (Umfahrungsstr. 17–19, Eppan, Tel. 04 71 66 44 66, www.stmichael.it).
- Spitzenweine präsentiert die Quereinsteigerin Elena Walch im **Weingut Castel Ringberg** F7 über dem Kalterer See (Tel. 04 71 86 01 72 www.elenawalch.com).
- In der **Kellerei Schreckbichl** F/G6 entstehen ausdrucksstarke Weine wie der Cornelius Cabernet Merlot (Weinstr. 8, Girlan, www.colterenzio.it).

- Josef-Innerhofer-Str. 2
  Eppan
  Tel. 04 71 66 22 49
  www.zur-rose.com

VINOTHEK

Pillhof €€

Bestens bestückte Vinothek in einem schönen Ansitz aus dem 15. Jh., hübsche Weinbar und Restaurant.

- Boznerstr. 48
  39010 Frangart-Eppan
  Tel. 04 71 63 31 00
  www.pillhof.com

KALTERN 10 12 F7

Kaltern am gleichnamigen See (Caldaro, 425 m, 8000 Einw.) ist ein bekannter Weinort. In den großen Kellereigenossenschaften am Ortseingang, auf dem Gelände des ehemaligen Bahnhofs, kann man den »Kalterer« verkosten.

Alles Wissenswerte zum Thema zeigt das **Südtiroler Weinmuseum.** Neben der Dauerausstellung im Zehentkeller gibt es einen eigenen kleinen Weingarten (Goldgasse 1, April–Mitte Nov. Di–Sa 10–17, So, Fei 10–12 Uhr, Tel. 04 71 96 31 68, www.weinmuseum.it).

Vom Museum ist es nicht weit bis zum brunnengeschmückten **Marktplatz,** der wie die Marktgasse verkehrsfrei ist und von schönen alten Häusern gesäumt wird. An seiner Ostseite ragt neben dem Rathaus der spätgotische Turm der prunkvollen klassizistischen **Pfarrkirche** (1792) empor.

Vom Ortsteil St. Anton (513 m) fährt die **Mendel-Standseilbahn,** die längste und mit max. 64 % Steigung steilste Europas, hinauf zum Mendelpass und überwindet dabei 850 Höhenmeter. Vom Mendelpass (1363 m) empfiehlt sich eine Wanderung hinauf zum **Penegal** (1737 m, 1,5 Std.). Faszinierend ist der Blick vom Aussichtsturm hinunter auf die Weinberge, Dörfer und Burgen des Überetschs.

Im dunklen Grün des Montiggler Waldes verbergen sich die beiden **Montiggler Seen** und die glitzernde Wasserfläche des **Kalterer Sees** (214 m). Der mit 1,4 km² größte natürliche See Südtirols ist warm genug, sodass man von Mai bis Oktober getrost darin baden kann.

INFO

Tourismusverein
- Marktplatz 8 | 39052 Kaltern
  Tel. 04 71 96 31 69
  www.kaltern.com

VERKEHR

- **Bus:** Verbindungen nach Eppan, Bozen, Tramin, Neumarkt; im Sommer Pendelbus zum See (gratis).

HOTELS

Haus am Hang €€
Das Haus mit gediegenem Ambiente liegt mitten in den Weinbergen; mit Freibad und Privatstrand.
- St. Josef am See 57
  Kaltern
  Tel. 04 71 96 00 86
  www.hausamhang.it

Garni Sonnleitenhof €
Wenige Minuten vom See in den Weinbergen, Zimmer mit Seeblick.

- St. Josef am See 34 | Kaltern
  Tel. 04 71 96 02 37
  www.sonnleitenhof.it

RESTAURANTS

Castel Ringberg €€
Die Schenke auf dem Weingut von Elena Walch verfügt über eine herrliche Panoramaterrasse.
- St. Josef am See 1
  Kaltern
  Tel. 04 71 96 00 10
  www.castelringberg.com

Panholzerhof €€
Nach Kennermeinung gibt's in diesem Buschenschank den besten »Kalterer See«. So geschl.
- St. Josef am See 8
  Kaltern
  Tel. 04 71 96 02 59

TRAMIN 11 📍 F8

Ein anderer berühmter Tropfen verdankt seinen Namen diesem Ort an der Weinstraße (Termeno, 276 m, 3500 Einw.): Den weißen Traminer sollen schon die Römer bei Festen aufgetischt haben, heute ist der Gewürztraminer zum Trendwein geworden. Ein Bummel durch die Kellereien am Ort bietet hinreichend Gelegenheiten für Verkostungen.
> mehr S. 16 Punkt 30

Jedes Jahr im Oktober finden die **Traminer Sinnesfreuden** statt. Das fünftägige Programm enthält Führungen, Begehungen der Weinberge und Verkostungen. Die Weingutsbesitzer, Önologen und Brennmeister geben dabei persönlich einen Einblick in ihre Arbeit.

Markant ist die **Pfarrkirche** mit ihrem mächtigen spätgotischen Turm (93 m). Einblick ins bäuerliche Leben vergangener Jahrhunderte gewährt das **Hoamet Tramin Museum** (April–Okt. Di, Do 10–12 und 16–18, Mi, Fr 10–12 Uhr, Führungen Di 16.30–18, Mi 10.30 bis 12 Uhr, www.hoamet-tramin-museum.com).

Ein Spaziergang von 15 Min. hinauf zum romanischen Kirchlein **St. Jakob** lohnt sich wegen des Freskenschmucks (13. Jh.), bekannt v. a. durch die fantastisch-skurrilen Bestiarien in der Sockelzone der Apsis (Schlüssel im Nachbargebäude).

INFO
Tourismusverein
- Mindelheimer Str. 10A
  39040 Tramin
  Tel. 04 71 86 01 31
  www.tramin.com

HOTEL
Mühle Mayer €€
Relaxen in den Weinbergen in familiärer Atmosphäre, großzügige, stilvoll eingerichtete Zimmer; Pool.
- Mühlgasse 66 | Tramin
  Tel. 04 71 86 02 19
  www.muehle-mayer.it

SHOPPING
Weingut J. Hofstätter
Hier gibt es nicht nur großartige Weine, sondern auch eine sehenswerte, durchdesignte Vinothek mit Restaurant > **mehr** S. 15 Punkt ⑯
- Rathausplatz 7
  Tramin
  www.hofstatter.com

KURTATSCH ⑫ ▮ F8

Das Ortsbild des in schöner Hanglage über dem Etschtal gelegenen Weinbauerndorfs Kurtatsch (Cortaccia, 332 m) ist von noblen Ansitzen und kleinen Hofgruppen geprägt. Im Ansitz am Orth veranschaulicht das **Museum Zeitreise Mensch** die Entwicklung vom Jäger und Sammler bis zur Konsumgesellschaft (Führungen Ostern bis Allerheiligen Fr 10 Uhr, sonst nach Anmeldung, Tel. 04 71 88 02 67, www.museumzeitreisemensch.it).

HOTEL
Schwarz-Adler Turmhotel €€€
Hübsch gelegenes, gut geführtes Haus mit kreativer Küche und besten Südtiroler Weinen. Freischwimmbad, Sauna und Solarium sorgen für Entspannung.
- Kirchgasse 2
  39040 Kurtatsch
  Tel. 04 71 09 64 00
  www.turmhotel.it

RESTAURANTS
Gasthof Terzer €€
Zu empfehlen sind hier vor allem vorzügliche Pizza und die Weine.
- Endergasse 2 | Kurtatsch
  Tel. 04 71 88 01 16
  www.baldoarno.com

Schlosskellerei Turmhof €€
Der Besuch lohnt nicht nur wegen des vorzüglichen Rebensaftes und der Jause, sondern auch wegen des fantasievoll gestalteten Schlossparks.
- Schlossweg 4 | Kurtatsch
  Tel. 04 71 88 01 22
  www.tiefenbrunner.com

Alois Lageder verkauft in Margreid neben seinen Bioweinen auch italienische Feinkost

MARGREID 13 ▮ F8

Der Winzerort Margreid (Magré all'Adige, 241 m, 1000 Einw.) auf einem Murkegel an der Mündung des Fenner Bachs wird von den Kalkfelsen des Fennbergs beherrscht.

Am Augustin-Haus in der Grafengasse rankt der älteste, auf 1601 datierte Rebstock Südtirols empor. Und er trägt nach wie vor jedes Jahr Trauben.

Auf dem Ansitz Löwengang residiert **Alois Lageder,** der Erneuerer des Südtiroler Weinbaus. Dort produziert er nicht nur seine Spitzenweine nach biologisch-dynmischen Prinzipien, bei seinem Kellereigebäude setzt er auf nachhaltige Architektur und erneuerbare Energien. Für »art projekt Löwengang« schaffen bekannte zeitgenössische Künstler ein Werk auf dem Weingut (dt. Führungen Di, Do 14.30 nur nach Anmeldung unter www.alois lageder.eu).

SHOPPING
Vinotheque im Paradeis

Edle Verkostungs- und Verkaufsstube der Kellerei Lageder; auch Destillate, Öle und andere italienische Spezialitäten. Mittags warme Küche (So, Fei geschl.).

- St.-Gertraud-Platz 5 | 39040 Margreid
  Tel. 04 71 80 95 80
  www.aloislageder.eu

NEUMARKT AN DER ETSCH 14 ▮ F/G8

Der Hauptort (Egna, 218 m, 5200 Einw.) des Unterlandes wurde im Mittelalter (12. Jh.) als »neuer Markt« neben dem älteren Vill gegründet. Stattliche Bürgerhäuser mit Laubengängen stehen an der alten Hauptstraße, tonnengewölbte Durchgänge führen zu den rückwärtigen Wirtschaftsgebäuden. Die historische Bausubstanz der vitalen, autofreien Altstadt reicht bis in spätgotische Zeit zurück.

Im Kernbestand gotisch ist auch die im 17. Jh. veränderte Pfarrkirche **St. Nikolaus.** Um 1500 entstanden das Langhaus und das reiche Sterngewölbe, knapp ein Jahrhundert älter ist der schöne hochgotische Chor von Meister Konrad. Gebrauchsgegenstände des 19. und 20. Jhs. präsentiert das **Museum für Alltagskultur** (April–Nov. So, Di, Fr 10–12, Mi, Do 16–18 Uhr, Mobil-Tel. 33 32 39 45 40).

HOTEL
Andreas Hofer €€
Romantisches Hotel im venezianischen Stil mit detailverliebtem Interieur.
• Straße der Alten Gründungen 21–23
  39044 Neumarkt an der Etsch
  Tel. 04 71 81 26 53
  www.hotelandreashofer.com

RESTAURANT
Önothek Johnson & Dipoli €€–€€€
Allerfeinste Rebensäfte und eine hervorragende Küche.
• Andreas-Hofer-Str. 3 | Neumarkt
  Tel. 04 71 82 03 23

AUSFLÜGE AB NEUMARKT

Von Neumarkt aus bietet sich ein Ausflug ins »Blauburgunder-Paradies« an: zur Burgruine **Kaldiff** (12. Jh.), zu **Schloss Enn** oberhalb von Montan (Privatbesitz) und zur Kirche **St. Stephan** in Pinzon (420 m; 3,5 km). Letztere birgt einen um 1500 geschaffenen Flügelaltar des Brixners Hans Klocker (die Kirche ist meist geschlossen, Schlüssel beim Mesner: Tel. 04 71 81 97 47).

Das Etschtal bildet die westliche Grenze des **Naturparks Trudner Horn** (65 km²), ein Wanderparadies, das fast noch ein Geheimtipp ist. Hier gedeihen allein 60 verschiedene Orchideenarten. Das **Naturparkhaus in Truden** ist in einer historischen, voll funktionsfähigen Mühle untergebracht. Im Sommer wird gemahlen und Brot gebacken (www.trudnerhorn.com).

Bei Aldein (15 km nördl. Neumarkt) warten ausgedehnte Wälder, grandiose Aussichtspunkte und die Bletterbachschlucht, die wohl eindrucksvollsten Klamm in Südtirol, darauf, entdeckt zu werden.

AUER 15 ▌ G7/8

Inmitten einer reizvollen Landschaft, umgeben von Obstgärten, Weinpergolen liegt Auer (Ora, 242 m, 2600 Einw.).

Prähistorische Siedlungsspuren und spätantike Befestigungsmauern gibt es auf dem Hügel von **Castelfeder** (408 m) zwischen Auer, Montan, Neumarkt und Salurn zu bestaunen. Wegen seiner mediterran anmutenden Vegetation ist er ein beliebtes Ausflugsziel.

INFO
Tourismusverein Castelfeder
• Hauptplatz 5 | 39040 Auer
  Tel. 04 71 81 02 31 | www.castelfeder.info

HOTEL
Zirmerhof €€
Historischer Hof hoch über dem Etschtal.
• Auer/Radein | Tel. 04 71 88 72 15
  www.zirmerhof.com

EXTRA-TOUREN

Der Schlitten zur Kastelruther Bauernhochzeit ist angespannt

GROSSE SÜDTIROLRUNDREISE
IN ACHT TAGEN

ROUTE: Reschenpass › Stilfser Joch › Naturns › Meran › Bozen › Kaltern › Neumarkt › Auer › Kastelruth › Seiser Alm › Grödner Tal › Alta Badia › Cortina d'Ampezzo › Pustertal › Bruneck › Brixen › Sterzing › Brenner

KARTE: Klappe hinten
DISTANZEN:
Reschenpass › Naturns 58 km; **Naturns › Meran** 16 km; **Meran › Bozen** 32 km; **Bozen › Kurtatsch** 28 km; **Kurtatsch › Seiser Alm** 68 km; **Seiser Alm › Corvara** 35 km; **Corvara › Bruneck** 96 km; **Bruneck › Brenner** 40 km.
PRAKTISCHE HINWEISE:
Diese Tour mit dem Auto ist in beide Richtungen gleich reizvoll. Eine Verlängerung um einen Zusatztag bietet sich in Bozen an, beispielsweise für einen Ausflug ins Passeiertal. Umfassende Südtirol-Informationen zur Planung findet man im Internet unter www.suedtirol.info.

Diese achttägige Tour vereint alle Höhepunkte und Landschaften, die Südtirol zu bieten hat: von den hochalpinen Landschaften am Stilfser Joch über die Weinberge an der Weinstraße bis zu den eindrucksvollen Felszacken der Dolomiten.

Vom **Reschenpass** › S. 84 in 1500 m Höhe geht es hinunter in den Vinschgau, an **Kloster Marienberg** › S. 86 und **Churburg** › S. 88 vorbei bis Sponding. Hier zweigt die Straße zum 2757 m hohen **Stilfser Joch** › S. 89 ab. Wer Serpentinen mag, fährt die 48 Kehren hinauf und wieder hinunter (ca. 2 Std.). Alle anderen fahren nur bis Prad oder Trafoi, um einen Eindruck vom alpinen Nationalpark Stilfser Joch zu gewinnen.

Zurück im Haupttal, führt die Strecke über hübsche Dörfer wie **Schlanders** › S. 90 oder **Latsch** › S. 92 nach **Naturns** › S. 95, wo Schloss Juval über dem Vinschgau thront. Bei Naturns oder ein paar Kilometer weiter im Schnalstal sollte man sich eine Unterkunft suchen. Am zweiten Tag sind es nur wenige Kilometer ins Meraner Land nach **Meran** › S. 100, wo der ganze Tag für die Sehenswürdigkeiten zur Verfügung steht. Nach einer Nacht in Meran geht es am dritten Tag weiter nach **Bozen** › S. 132 – nach der kurzen Fahrt bleibt genügend Zeit zur Stadterkundung. Am vierten Tag steht Messners Mountain Museum auf **Schloss Sigmundskron** › S. 140 auf dem Pro-

Aufstieg zum Grödner Joch

gramm, dann geht es entlang der Südtiroler Weinstraße durch das Etschtal in den Süden von Südtirol.

Die Weindörfer **Eppan** › S. 141, **Kaltern** › S. 142, **Tramin** › S. 143 **Kurtatsch** › S. 144 und **Margreid** › S. 145 lohnen eine Stopp. Dort gibt es auch einen guten Tropfen und ein schmackhaftes Essen, daher sollte man am südlichen Ende der Weinstraße übernachten. Am fünften Tag führt die Fahrt am östlichen Ufer der Etsch über **Neumarkt** › S. 145 und **Auer** › S. 146 nach **Kastelruth** › S. 68. Auf der **Seiser Alm** › S. 69 verbringt man eine Nacht inmitten der herrlichen Bergwelt. Weiter geht es hinein in die Dolomiten und zwar in das **Grödner Tal** › S. 115, das zum berühmten Sellastock führt.

Über das Grödnerjoch gelangt man am sechsten Tag nach **Corvara** › S. 120, dem Hauptort von Alta Badia bzw. des Hochabteitals. Hier findet man in einer der zahlreichen Pensionen oder Hotels Unterkunft. Am nächsten Tag geht es auf der **Großen Dolomitenstraße** › S. 116 mit großartigen Panoramen nach **Cortina d'Ampezzo** › S. 124 und weiter nach **Toblach** › S. 79 ins Pustertal. Die Route folgt weiter dem Pustertal nach Westen bis zum nächsten Übernachtungsort **Bruneck** › S. 73. Dort kann man abends schön durch die Altstadt bummeln. Am letzten Tag führt die Tour schließlich in einem kleinen Schlenker nach **Brixen** › S. 51, von dort das Eisacktal hinauf und über **Sterzing** › S. 60 zum Endpunkt, dem **Brenner** › S. 49.

TOUR
17

ZU KLÖSTERN, BURGEN UND SCHLÖSSERN IN FÜNF TAGEN

ROUTE: Kloster Marienberg › Churburg › Schloss Juval › Meran › Schloss Sigmundskron › Burg Hocheppan › Bozen › Schloss Prösels › Trostburg › Kloster Säben › Brixen › Kloster Neustift › Burg Reifenstein › Schloss Wolfsthurn › Sterzing

KARTE: Klappe hinten
DISTANZEN:
Kloster Marienberg › **Meran** 62 km; **Meran** › **Bozen** 32 km; **Bozen** › **Brixen** 42 km; **Brixen** › **Sterzing** 23 km.
PRAKTISCHE HINWEISE:
Zur Besichtigung der Schlösser und Burgen (etwa drei pro Tag) sollte man sich vorher nach den aktuellen Öffnungszeiten und Terminen für Führungen erkundigen. Wer großes Interesse an den Burgen hat, kann etwas mehr Zeit für diese Tour einplanen (z. B. mit zusätzlicher Übernachtung in Bozen).

Prunkvolle Räume, erlesene Kunstwerke, wehrhafte Mauern, malerische Türme und Zinnen, aber auch faszinierende Landschaften bietet diese Tour zu Südtirols schönsten Klöstern, Burgen und Schlössern. Nicht jedes alte Gemäuer ist hier aufgeführt – wer die Augen offen hält, wird noch einige weitere auf der Fahrt entdecken.

Die Reise beginnt im Vinschgau, wo die schneeweiße Benediktinerabtei **Marienberg** › S. 86 mehr wie eine Festung denn wie ein Kloster in 1344 m Höhe thront. Die sehr gut erhaltene **Churburg** › S. 89 bei Schluderns hingegen ist eine richtige Burg und besitzt die größte private Rüstkammer. Einige Kilometer weiter, am Eingang zum Schnalstal, kann man dem Wohnsitz von Reinhold Messner einen Besuch abstatten und seine Kunstsammlungen auf **Schloss Juval** › S. 92 bewundern.

Meran › S. 100 ist das Etappenziel des ersten Tages und auch für die zweite Nacht ein guter Standort. Von hier aus lassen sich bequem **Schloss Schenna** › S. 108, **Schloss Tirol** › S. 105 und **Schloss Trauttmannsdorff** › S. 103 erkunden. Am dritten Tag geht es dann weiter über **Schloss Sigmundskron** › S. 140 und die reizvoll gelegene **Burg Hocheppan** › S. 140 nach **Bozen** › S. 132, dem nächsten Übernachtungsort. **Schloss Runkelstein** › S. 138 lässt sich noch bequem am selben Tag oder am nächsten Morgen besuchen.

Am vierten Tag führt die Tour über **Schloss Prösels** › S. 68 unterhalb des Schlern, die **Trostburg** › S. 67 und das **Kloster Säben** › S. 66 oberhalb von Klausen zur ehemaligen Bischofsstadt **Brixen** › S. 51. Highlights am fünften und letzten Tag sind **Kloster Neustift** › S. 58, die romantische Ritterburg **Reifenstein** und **Schloss Wolfsthurn** › S. 64 im idyllischen Ridnauntal. Die Tour endet schließlich in **Sterzing** › S. 60.

SÜDTIROL FÜR GENIESSER IN SECHS TAGEN

ROUTE: Bozen › Eppan › Kaltern › Margreid › Neumarkt › Obereggen › Corvara › La Villa

KARTE: Klappe hinten
DISTANZEN:
Bozen › **Neumarkt** 24 km; **Neumarkt** › **Obereggen** 36 km; **Obereggen** › **Corvara** 74 km; **Corvara** › **La Villa** 5 km.
PRAKTISCHE HINWEISE:
Bedenken Sie, dass Sie nach ausgiebigen Weinverkostungen oder opulenten Degustationsmenüs mit Wein vielleicht nicht mehr uneingeschränkt fahrtüchtig sind!

Der erste Genusstag dieser sechstägigen Tour gehört **Bozen** › S. 132 – allerdings erst, nachdem man im **Auener Hof** › S. 45 im Sarntal im höchsten Sternerestaurant Italiens gespeist hat. Als Unterkunft für die ersten zwei Nächte bietet sich das Hotel Greif am Walther-Platz in Bozen an. Von dort lassen sich Restaurants, Weinstuben, Feinkostgeschäfte und der Obstmarkt gut zu Fuß erreichen. Etwas außerhalb liegt die **Klosterkellerei Muri-Gries** › S. 134. Ein Muss für Weinfreunde ist der Besuch des **Weinguts Schwarhof** › S. 142 einige Kilometer östlich der Stadt. Auch die **Kellerei St. Michael-Eppan** › S. 142, nächste Station an der Route, keltert hervorragende Weine. Die guten Tropfen sind auch in den besten Gaststätten im Umkreis erhältlich – das **Restaurant Zur Rose** › S. 142 etwa wurde schon vielfach ausgezeichnet. Mit Zwischenstopp am **Weinmuseum in Kaltern** › S. 143 geht es zum innovativen **Weingut Lageder** › S. 145 in Margreid. In **Neumarkt** sollte man übernachten, denn in dem Städtchen lädt die **Önothek Johnson & Dipoli** › S. 146 zur gepflegten Einkehr. Genuss verspricht auch das Hotel Sonnalp (www.sonnalp. com) in **Obereggen** › S. 123 mit gut bestücktem Weinkeller und einem Restaurant, das sich mit einer Haube vom Gault Millau schmückt.

Nach einer erholsamen Nacht geht es weiter zum kulinarischen Herzen Südtirols: ins Alta Badia (über Fassatal, Pordoijoch, Arabba). Einen Michelin-Stern hält das Restaurant **La Stüa de Michil im Hotel La Perla** › S. 121 in Corvara. Martin Niederkofler erkochte für das **Restaurant St. Hubertus** › S. 122 im Hotel Rosa Alpina in St. Kassian drei Sterne. Auf immerhin zwei Sterne haben es Gerhard Wieser in der Trenkerstube (www.hotel-castel.com/gourmet/trenkerstube) in **Dorf Tirol** › S. 105 und Martin Obermarzoner im Jasmin (www.bischofhof.it) in **Klausen** › S. 65 gebracht.

Neben der Sterneküche lohnt es sich aber auch, die ladinischen Gerichte, die viele einfache Gasthäuser im Alta Badia servieren, auszuprobieren. Zum krönenden Abschluss der Tour eine Empfehlung »on top«: in 2100 m Höhe heißt es im **Club Moritzino** › S. 122 auf dem Piz La Villa nicht nur sehen und gesehen werden, die Speisen stellen selbst verwöhnte Gourmets zufrieden.

Plätzchen zum Innehalten, Genießen und Schauen in der Altstadt von Klausen

INFOS VON A–Z

ÄRZTLICHE VERSORGUNG

Die Europäische Krankenversicherungskarte (EHIC) ist in die übliche Versicherungskarte integriert. Empfehlenswert ist der Abschluss einer privaten Reisezusatzversicherung inkl. Rücktransport bei medizinischer Notwendigkeit.

BARRIEREFREI REISEN

Die Provinz fördert barrierefreien Tourismus nach der Devise »Südtirol für alle«. Website und App liefern Informationen zu über 600 entsprechend ausgestatteten Einrichtungen, darunter Museen, Sehenswürdigkeiten und Bergbahnen sowie über die zahlreich vorhandenen barrierefreien Unterkünfte (www.altoadigepertutti.it).

DIPLOMATISCHE VERTRETUNGEN

- **Deutschland:** Honorarkonsulat, Dr.-Streiter-Gasse 12, 39100 Bozen, Tel. 04 71 97 21 18, E-Mail: bozen@hk-diplo.de
- **Österreich:** Generalkonsulat, Piazza del Liberty 8/4, 20121 Milano, Tel. 02 778 07 80, E-Mail: mailand-gk@bmeia.gv.at
- **Schweiz:** Generalkonsulat, Via Palestro 2, 20121 Milano, Tel. 02 777 91 61, www.eda.admin.ch/milano

EINREISE

Schweizer müssen sich mit der Identitätskarte ausweisen, aber auch alle EU-Bürger müssen einen gültigen Personalausweis mitführen. Kinder benötigen ein eigenes Reisedokument.

FEIERTAGE

1. u. 6. Jan., Ostermontag, Pfingstmontag, 25. April, 1. Mai, 15. Aug., 1. Nov., 8. Dez., 25./26. Dez.; Nationalfeiertage am jeweils ersten So im Juni und Nov.

GELD

Die meisten Geschäfte und Hotels akzeptieren die üblichen Kreditkarten. An Geldautomaten kann man außerdem problemlos rund um die Uhr Bargeld abheben.

HAUSTIERE

Hunde und Katzen benötigen den Europäischen Heimtierausweis *(pet pass)*, gültig nur mit Identifikation des Tieres durch Mikrochip. Das Tollwut-Impfzeugnis muss mindestens 20 Tage und darf maximal elf Monate alt sein. Für Hunde sind in Zügen Leine und Maulkorb Pflicht.

INFORMATIONEN

Auskunft erteilen die Italienische Zentrale für Tourismus **ENIT** und **Südtirol Information:**

- **Südtirol Information** Südtiroler Str. 60, 39100 Bozen, Tel. 04 71 99 99 99, www.suedtirol.info
- **ENIT für Deutschland, Österreich, Schweiz** Barckhausstr. 10, 60325 Frankfurt/Main, Tel. 069/23 74 34

NOTRUF

- Polizei, Feuerwehr, Rettung: 112
- Pannendienst des ACI: Tel. +39 80 31 16, Mobil-Tel. 800 11 68 00

ÖFFNUNGSZEITEN

- **Banken** sind von Mo–Fr 8.30–13 und teilweise 14.30–14 Uhr geöffnet.
- **Geschäfte** sind in der Regel Mo–Fr 8.30–13 und 15–19 Uhr, Sa bis Mittag geöffnet. Lebensmittelgeschäfte haben meist schon ab 8 Uhr offen, große Einkaufszentren oft bis 22 Uhr.
- **Tankstellen** haben teilweise über Mittag geschlossen.

- **Kirchen** außerhalb der Tourismuszentren sind oft verschlossen. Den Schlüssel erhält man dann in der Regel in einem der umliegenden Häuser.
- Auch für **Museen** gibt es keine einheitliche Regelung, viele bleiben aber Mo, manche in der Mittagszeit geschl. Einige sind nur zwischen Ostern udn Allerheiligen geöffnet.

POST

Postämter sind Mo–Fr 8.30–14, in größeren Städten 8.30–18, Sa 8.30–13 Uhr geöffnet; Briefmarken *(francobolli)* gibt es auch in Tabakläden. Das Auslandsporto beträgt für eine Postkarte oder einen Brief 1 Euro.

QUITTUNGEN

Für alle Dienstleistungen (z. B. Restaurants, Autowerkstätten) muss man sich in Italien eine Quittung mit ausgewiesener Mehrwertsteuer geben lassen, die man aufbewahren sollte, um sie bei Kontrollen der Steuerbehörde (Guardia di Finanza) vorlegen zu können.

RAUCHVERBOT

Seit 2005 gilt in allen öffentlichen Gebäuden, auch in Restaurants und Bars, absolutes Rauchverbot.

TELEFONIEREN

kann man von Bars oder Geschäften, die mit einer gelben Wählscheibe gekennzeichnet sind, außerdem von öffentlichen Fernsprechämtern (Telecom) aus – dazu braucht man eine Telefonkarte *(scheda telefonica)*, die bei den *tabacchi*, der Telecom und in manchen Bars erhältlich ist. Die Ortsnetzkennzahl einschließlich Null ist fester Bestandteil der Teilnehmernummer und muss – auch bei Ortsgesprächen – mitgewählt werden! Das Mobilfunknetz ist flächendeckend ausgebaut. Neben den großen Anbietern TIM, Vodafone und Wind Tre gibt es auch noch den regionalen Anbieter Hoila! Mobilnummern beginnen meist mit 3er-Nummern z.B. Vodafone 341... bis 349...

Internationale Vorwahlen:
- Deutschland 00 49
- Österreich 00 43
- Schweiz 00 41
- Italien 00 39

TRINKGELD

In Restaurants sind zwischen 5 und 10 % des Rechnungsbetrags als Trinkgeld üblich. Bei Taxifahrten wird der Rechnungsbetrag um etwa 10 % aufgerundet. Im Hotel erhält das Zimmermädchen ja nach Gast und Kategorie pro Woche mindestens 5 €, der Gepäckträger pro Gepäckstück ab 1 €.

ZOLL

Für Reisende aus EU-Ländern gilt zollfreier Warenverkehr mit Richtmengen für den Privatbedarf: z. B. 800 Zigaretten, 90 l Wein, 10 l Spirituosen über 22 Vol.-% pro Person (ab 17 Jahre). Schweizer (ab 17 Jahre) dürfen 250 Zigaretten, 1 l Spirituosen, 5 l Wein und Reiseandenken im Gesamtwert von maximal 300 CHF pro Person zollfrei aus Italien mitnehmen.

💬 URLAUBSKASSE

• Tasse Kaffee (al bar/Terrasse)	1,80/4 €
• Softdrink al bar	2,80 €
Terrasse	4,50 €
• Glas Bier al bar	2,80 €
Terrasse	6 €
• Speckplatte	8,50 €
• Kugel Eis	1,20 €
• Taxifahrt (Kurzstrecke 8–10 km)	18 €
• Mietwagen/Tag	ab 40 €
• 1 l Superbenzin	1,85 €

REGISTER

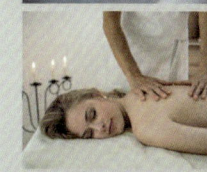

BILDNACHWEIS

Coverfoto Villnößtal, Geislergruppe © laif/Denger, Dietmar
Fotos Umschlagrückseite Alamy/ fabio lotti (links); laif/Frieder Blickle (Mitte); Shutterstock/Mau47 (rechts)

Alamy/Kayhan, Kayar: 65; Alamy/Lotti, Fabio: 86; Alamy/Mueringer, Christian: 128, 152; Alamy/Panther Media GmbH: 106; Bernhart, Udo: 126, 127; Fotolia/artepicturas: 37; Fotolia/Gernhoefer, U.: 109; Fotolia/Krause, Volker: 138; Fotolia/Kretzschmar, Stefan: 112; Fotolia/Momentum: 29; Fotolia/PeJo: 95; Fotolia/thofoto: 78; Getty Images/agustavop: 46; Huber Images/Bernhart: 148; Huber Images/Gräfenhain: 125; Interfoto/Delimont Danita/Pitamitz, Sergio: 32; Jahreszeitenverlag/GourmetPictureGuide: 68, 145; Jahreszeitenverlag/Schinharl, Michael: 9; laif/Blickle, Frieder: 147; laif/Denger, Dietmar: 1; laif/Heuer, Frank: 17, 25; laif/Krinitz: 67; laif/Linkel, Thomas: 82; laif/Zahn, Clemens: 70, 121; Lehmann, Uwe: 8-1; Lookphotos/Strauss, Andreas: 35, 101; Lookphotos/Suedtirolfoto/Rier, Helmut: 132; Lookphotos/Wohner, Heinz: 89; mauritius images/Eichler, Patrick: 48; mauritius images/imagebroker/Handl, Christian: 93; mauritius images/Wunderlich, Simone: 81; Schapowalow/Bernhart, Udo: 14; Schapowalow/Carassale, Matteo: 44; Schapowalow/Fantuz, Olimpio: 39; Seasons Agency/Jalag/Lengler, Gregor: 20; Shutterstock/footageclips: 6; Shutterstock/FOTOCROMO: 10; Shutterstock/JohannesS: 19; Shutterstock/Kuznetsova, Olesya: 96; Shutterstock/lorenza62: 137; Shutterstock/Mamasuba: 56; Shutterstock/Mau47: 54; Shutterstock/maudanros: 60; Shutterstock/trotalo: 16; Staudt, Jens: 26; stock.adobe.com/cmfotoworks: 22; stock.adobe.com/traveldia: 110; stock.adobe.com/VRD: 114; stock.adobe.com/Zagler, Thomas: 15; Südtirol Marketing/Blickle, Frieder: 8-2, 18; Südtirol Marketing/Kaiser, Andree: 91; Südtirol Marketing/Leu, Hans-Peter: 27; Südtirol Marketing/Rier, Helmuth: 13; Südtirol Marketing/Trovati, Alessandro: 149; Thiele, Klaus: 150; Wikipedia/Almbauer, Marco: 59; Wikipedia/moroder: 41.

Liebe Leserin, lieber Leser,
wir freuen uns, dass Sie sich für diesen POLYGLOTT on tour entschieden haben.
Unsere Autorinnen und Autoren sind für Sie unterwegs und recherchieren sehr gründlich,
damit Sie mit aktuellen und zuverlässigen Informationen auf Reisen gehen können.
Dennoch lassen sich Fehler nie ganz ausschließen. Wir bitten Sie um Verständnis, dass der
Verlag dafür keine Haftung übernehmen kann.

Ihre Meinung ist uns wichtig. Bitte schreiben Sie uns:
GRÄFE UND UNZER VERLAG
Postfach 86 03 66, 81630 München, Tel. 0 89 / 419 819 41
www.polyglott.de

LESERSERVICE
polyglott@graefe-und-unzer.de
Tel. 0 800 / 72 37 33 33 (gebührenfrei in D, A, CH), Mo Do 9–17 Uhr, Fr 9–16 Uhr

1. Auflage 2019

© 2019 GRÄFE UND UNZER VERLAG GmbH,
München
Dieses Buch wurde auf chlorfrei gebleichtem
Papier gedruckt.
ISBN 978-3-8464-0377-8

Bei Interesse an maßgeschneiderten
B2B-Editionen:
gabriella.hoffmann@graefe-und-unzer.de

Bei Interesse an Anzeigen:
KV Kommunalverlag GmbH & Co KG
Tel. 089/928 09 60
info@kommunal-verlag.de

Verlagsredaktion: Anne-Katrin Scheiter
Autoren: Manuela Blisse, Uwe Lehmann
Redaktion: Renate Nöldeke
Bildredaktion: Dr. Nafsika Mylona,
Anne-Katrin Scheiter, Cathrin Bach
Mini-Dolmetscher: Langenscheidt
Umschlaggestaltung & Layout:
Independent Medien Design, München
Horst Moser (Artdirection), Lucie Heselich
Karten und Pläne: Theiss Heidolph und
Kunth Verlag GmbH & Co. KG
Satz: uteweber-grafikdesign
Herstellung: Anna Bäumner
Druck und Bindung:
Printer Trento, Italien

PEFC
PEFC/18-31-506

GRÄFE
UND
UNZER

Ein Unternehmen der
GANSKE VERLAGSGRUPPE

WWW.MUSEUMLADIN.IT
INFO@MUSEUMLADIN.IT
T. 0474 52 40 20

m

museumladin
Ursus ladinicus

San Ćlascian

Museum dla laúrs
Bärenmuseum
Museo dell'orso
Bear Museum

museumladin
Ćiastel de Tor

SAN MARTIN DE TOR

Cultura Ladina
Ladinische Kultur
Cultura Ladina
Ladin Culture

2x1

**2 X MUSEUM
1 TICKET**

museumladin

–
Strada Tor 65
39030 **San Martin de Tor**
Val Badia

–
Strada Micurà de Rü 26
39030 **San Ćiascian**
Val Badia

Landesmuseen Südtirol
Musei provinciali Alto Adige
Museums provinziai

CHECKLISTE SÜDTIROL

Nur da gewesen oder schon entdeckt?

☐ **EINMAL TÖRGGELEN**
Im Herbst durch Südtirol wandern und es sich dabei mit einem jungen Wein und einer Marende, einer Brotzeit, richtig gut gehen lassen. › S. 45

☐ **DREI-ZINNEN-BLICK**
Optisch tief ins alpine Geschehen eintauchen kann man mit dem kostenlosen Fernrohr am Toblacher Drei-Zinnen-Blick. › S. 16

☐ **DIE SELLA RONDA**
Einmal sollte man sie gemacht haben, die Umrundung des Sellamassivs: im Winter auf Skiern, im Sommer mit dem Bike oder dem Motorrad. › S. 118

☐ **KUTSCHFAHRT AUF DER ALM DER ALMEN**
Fantastische Fernsichten lassen sich ganz gemütlich bei einer Fahrt mit der Pferdekutsche auf der Seiser Alm genießen. › S. 69

☐ **BOZENER OBSTMARKT**
Der Obstmarkt in der Altstadt ist nicht nur einer der bekanntesten und buntesten Märkte Südtirols, sondern auch Sehenswürdigkeit und Treffpunkt für Einheimische und Besucher. › S. 133

☐ **GLURNS**
Italiens kleinste Stadt ist ein architektonisches Highlight und hat jetzt Italiens einzige Whiskybrennerei. › S. 15, 88

☐ **MESSNERS WEINGUT**
Dem Gipfelstürmer gehört auch das Weingut Unterortl nahe Schloss Juval, dessen Weine im Gutsverkauf erhältlich sind. › S. 17

> 💬 **MITBRINGSEL**
>
> - **Südtiroler Speck:** Dünn aufgeschnitten, hat man lange etwas davon › S. 14
> - **Blauer »Schurz«:** Typisch südtirolerisch sind die blauen Bauernschürzen › S. 17